William Shatner
mit David Fisher

LEBE LANG

... und was ich auf meinem Weg lernte

William Shatner

mit David Fisher

Lebe lang

... und was ich auf meinem Weg lernte

Aus dem Amerikanischen von Alan Tepper

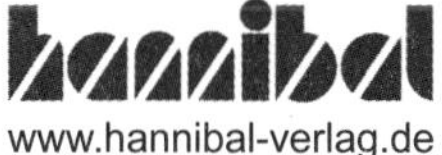

www.hannibal-verlag.de

William Shatner hat neben seiner schauspielerischen Tätigkeit als Musiker, Produzent, Regisseur und Autor gearbeitet. Besonders hervorzuheben ist seine Rolle als Captain Kirk in der Serie *Raumschiff Enterprise* (1966 bis 1969) und sieben *Star Trek*-Filmen. Für die Rolle des Denny Crane in der Serie *Boston Legal* gewann er einen Emmy und einen Golden Globe. Shatner lebt mit seiner Frau Elizabeth in Los Angeles.

David Fisher ist Autor von über 20 *New York Times*-Bestsellern, darunter auch Shatners Bücher *Durch das Universum bis hierher* sowie *Spock und ich: Mein Freund Leonard Nimoy*. Er lebt in New York.

Impressum

Titel der Originalausgabe von St. Martin's Press, NY:
„Live Long And …"

Dieses Werk wurde im Auftrag von St. Martin's Press durch die Literarische Agentur Thomas Schlück GmbH, 30161 Hannover, vermittelt.

Deutsche Erstausgabe 2019

Druck: FINIDR, s.r.o.
Layout und Satz: Thomas Auer, www.buchsatz.com
Coverabbildung: © Maarten De Boer / Contour by Getty Images
Übersetzung: Alan Tepper
Lektorat und Korrektorat: Dr. Matthias Auer

Hannibal Verlag, ein Imprint der KOCH International GmbH, A-6604 Höfen
www.hannibal-verlag.de

ISBN 978-3-85445-664-3
Auch als E-Book erhältlich mit der ISBN 978-3-85445-665-0

Printed in Czech Republic

Inhalt

Ich möchte dieses Buch einem guten alten Freund von mir widmen, der nicht mehr unter uns weilt. Als ich ins Filmgeschäft einstieg, war Carmen La Via ein junger Agent in Los Angeles. Wir durchlebten viele Beziehungsformen, von Klient über Agent bis hin zum Freund. Er zog nach New York und wurde mein Literaturagent. Wir arbeiteten häufig zusammen, und viele der daraus resultierenden Projekte erwiesen sich als wirklich gut.

Um Ihnen aufzuzeigen, wie taff er sein konnte, möchte ich auf das an seiner Krankenhaustür angebrachte Schild mit der Aufschrift „Bitte nicht wiederbeleben" hinweisen. Nachdem man ihn schon aufgegeben und ihm die Sterbesakramente erteilt hatte, war er sich selbst überlassen. Aber dieser knallharte kleine Italiener blies uns dann alle mit seiner Energie vom Hocker, als er wieder zur Arbeit erschien.

Die Angehörigen möchten ein „Ruhe in Frieden" auf seinem Grabstein eingravieren lassen. Ich denke, „Bitte nicht wiederbeleben" würde es eher treffen. Ich warte darauf, dass wir uns im Geiste wiedervereinen.

Lebe lang …

1. Ein glückliches Leben

Ich habe ein glückliches Leben gelebt. Ich erklomm buchstäblich wie sprichwörtlich den Gipfel des Berges. Mir sind die außergewöhnlichsten Menschen begegnet, und ich habe die verblüffendsten Erfahrungen gemacht. Ich bin auf Pferden über die Prärie geritten und mit Motorrädern durch das Land gefahren, habe das Wunder des Aufwachsens meiner Kinder erlebt. Ich habe das ganze Spektrum an Emotionen empfunden, das größte Glück und den schlimmsten Schmerz, habe geliebt und gehasst, die Extreme ausgekostet, das Gefühl der Leidenschaft genossen und Ekstase erlebt. Ich kam 1931 zur Welt und wurde während meiner Lebensspanne Zeuge der flächendeckenden Verbreitung von Antibiotika und der Eliminierung gefürchteter Krankheiten. Ich habe die Erfindung des Fernsehens erlebt, des Internets und der Mikrowelle, mit Ehrfurcht das ungeheure Wachstum der kommerziellen Luftfahrt wie auch der NFL beobachtet. Mein Leben umspannt acht Dekaden voller Aufregung, Entdeckungen, Beziehungen und großen Glücks.

Und so war ich sicher nicht bereit dafür, dass es endete.

Ich habe den Tod in vielen Facetten gesehen. Ich habe ihn in der natürlichen Abfolge erlebt, als meine Eltern alterten und verstarben. Ich war mit der Tragödie eines Unfalltods konfrontiert, denn meine Frau starb bei einem wahrhaft tragischen Ereignis. Ich habe den schmerzhaften Tod enger Freunde durch Krankheiten miterlebt, meine geliebten Tiere in den Armen gehalten, während sie ihr Leben aushauchten. Mir widerfuhr der Schmerz des Verlusts, die Leere. Ich bin auf mehr Beerdigungen gewesen, als ich zählen kann, habe nach Worten gerungen, um trauernde Menschen zu trösten. Ich bin ziellos umhergewandert und habe versucht, den Tod zu verstehen, wobei ich erkannte, dass ich ihn niemals begreifen werde.

Doch 2016 hatte ich eine vollkommen andere Begegnung mit dem Tod: Ein Arzt erklärte mir, ich hätte eine unheilbare Krankheit, sagte, dass ich sterben würde.

Moment mal! Das war etwas komplett Neues. Ich war ziemlich gut darin, Mitleid zu bekunden und derjenige zu sein, der am Ende einer Trauerfeier immer nach Hause ging. Wie sollte ich nun auf die Diagnose reagieren? Wir redeten hier tatsächlich über mein Begräbnis!

„Sie haben Krebs", teilte mir der Arzt mit.

Das muss ein Fehler sein, dachte ich. So etwas widerfährt nur anderen. Die Diagnose war das Ende einer Kette, die mit meiner Neugier begann. Durch die Lektüre eines Magazins erfuhr ich, dass Wissenschaftler entdeckt hatten, dass Krebszellen ein bestimmtes Protein bilden, mit dem man Rückschlüsse auf ihre Existenz ziehen kann. Die Forscher hatten einen Test zur Erkennung dieses Proteins entwickelt. Es ist ein hochsensibles Verfahren. Meine Frau Elizabeth und ich entschieden uns zu einer Untersuchung. Als das Testergebnis bei ihr auf Gebärmutterhalskrebs hinwies, durchlebten wir einen Monat nahe der Hysterie. Andere Ärzte wandten gründliche und bewährte Diagnostikverfahren an, fanden jedoch keine Auffälligkeiten. Man klärte uns schließlich auf, dass der erste Test noch zu ungenau sei.

Und dann diagnostizierte man bei mir Prostatakrebs. Bei mir! Mein Hausarzt sagte, dass Prostatakrebs manchmal äußerst aggressiv sei und manchmal so „harmlos", dass man schon lange vor dem inkurablen Ausbruch an einer anderen Krankheit versterbe. Sterben! Ich? Das durfte alles nicht wahr sein. Um herauszufinden, um welche Ausprägungsform es sich handelte, nahm er mir Blut für den PSA-Wert ab, ein Tumormarker dieser spezifischen Krankheit. Bis zu dem

Zeitpunkt lag er bei mir immer bei eins oder zwei, also unterhalb der bedenklichen Werte. „Er liegt bei zehn", teilte mir mein Arzt nach Auswertung mit. „Es ist aggressiver Krebs." Zehn! Mein Körper hatte mich verraten.

Ich habe mich stets dem großen Comedian George Burns verbunden gefühlt, der 100 Jahre alt wurde und einfach nicht sterben „konnte", solange man ihn buchte. Und auch mein Terminplan war viel zu voll, als dass ich Zeit für den Tod gehabt hätte.

Auf einer intellektuellen Ebene verstand ich die Diagnose. Ich hatte bereits mein Testament gemacht und damit geklärt, wem ich dies oder jenes vererben würde. Doch auf einer emotionalen Ebene war ich mir sicher, nicht zu sterben. Ich lehnte das schlichtweg ab. Ich formulierte meinen „letzten Willen" und ging dann sofort zu einem netten Stückchen Strudel über. Der Tod? Das betraf mich doch nicht.

Bei Auftritten im Laufe der letzten Jahre bemerkte ich, dass mich immer häufiger Menschen um ein Autogramm baten. Mir war klar, was das bedeutete: Sie spekulierten auf mein baldiges Ableben, wodurch meine Unterschrift urplötzlich an Wert zunähme. Junge, Junge, dachte ich, die werde ich zum Narren halten!

Meine ersten Reaktionen auf die Diagnose glichen denen anderer Menschen: die Weigerung, diese Tatsache anzuerkennen, Angst und Wut – und auch ein Hauch des Gefühls, beleidigt zu sein. Ich bin in meinen Achtzigern, habe ein langes Leben gelebt, war aber sicher noch nicht bereit, es zu beenden. Ich entschied mich also, nicht widerstandslos in die lange Nacht hinüberzugleiten. Ich würde kämpfen! Neue Pferde sollten angeliefert werden, die ich noch einreiten musste. Auf meinem Terminplan standen verschiedene Auftritte wie auch ein Soloprogramm, und ich durfte das Publikum doch nicht im Stich lassen. Ich würde sogar noch einen Film drehen. Ein regelrechtes Meer aus Liebe ergoss sich über mich: die meiner Frau, meiner Kinder und Enkel. Ich habe immer daran geglaubt, dass in uns eine Kraft lodert, ein entschiedenes Verlangen zu leben, das alle Zellen durchdringt, und ich versuchte, es zu entfachen, versuchte, den Schalter zu finden, der das Immunsystem in den Superkiller-Modus versetzte. Keine Ahnung, ob das half oder nicht, doch ich glaubte daran, dass mein Immunsystem hochgefahren würde! Ich würde nicht so einfach sterben.

Dann las ich davon, dass in bestimmten Fällen ein Zusammenhang zwischen Testosteron-haltigen Nahrungsmittelergänzungen und Prostatakrebs bestehe. Und ich nahm solche Mittel ein! Ich fragte meinen Arzt, ob ich sie absetzen solle. „Ja", stimmte er zu, „das könnte eine gute Idee sein."

Ich hörte damit auf. Drei Monate später unterzog ich mich einem weiteren PSA-Test. Der Wert war auf eins gesunken. Eins! Der Arzt vermutete, dass das Testosteron den erhöhten PSA-Spiegel verursacht hatte. Nun war mir das Ergebnis des noch unausgereiften Krebstests egal, den ich natürlich nicht wiederholte. Wie die Onkologen mir und Elizabeth erklärt hatten, produzierten wir permanent Krebszellen, die vom Körper abgetötet würden. Die Killerzellen und die T-Zellen greifen an und zerstören sie. Der Organismus produziert also ständig Krebs und eliminiert ihn wieder, doch besagter Test ist so sensibel, dass er schon kleinste Anzeichen nachweist. Kombiniert mit dem PSA-Test hatte mich das davon überzeugt, dass ich sterben würde.

Obwohl es mir ein wenig leidtat, all die Autogrammjäger enttäuschen zu müssen, fühlte ich mich durch das neue Ergebnis wie berauscht. Ich kehrte zurück zur Erkenntnis, nicht sterben zu müssen. Zumindest jetzt noch nicht.

Während der drei Monate, in denen ich mich mit meinem Todesurteil konfrontiert sah, verbrachte ich viel Zeit damit, über das Leben nachzudenken, über die Lektionen, die ich gelernt habe, die Orte, die ich sah, die Wunder, die ich erlebte und all die Begegnungen und Erfahrungen, die vereint einen Energieschub namens Leben ergeben haben. Darauf basierend, will ich nun, zum allerersten Mal, mit Ihnen mein Geheimnis eines guten, langen Lebens teilen:

Sterben Sie einfach nicht.

Das ist es; das ist das große Geheimnis. Leben Sie weiter, und versuchen Sie, nicht einzurosten.

Schon viele Menschen haben ihre Geheimtipps für ein langes und glückliches Leben mit anderen geteilt: Machen Sie dieses, lassen Sie jenes. Essen Sie Mixed Pickles. Vermeiden Sie Mixed Pickles.

All die Ratschläge haben wohl geholfen – bei den jeweiligen Personen.

Andere haben die von ihnen erlangte Weisheit weitergegeben: Meditiere. Den Ärger nicht runterschlucken. Behandle andere Menschen so, wie du selbst behandelt werden willst – mit der Ausnahme, man mag eine andere Person nicht, dann behandle sie oder ihn einfach anders. All das funktioniert, oder es funktioniert nicht.

Auf den folgenden Seiten erzähle ich Ihnen von den Erfahrungen, die sich bei mir positiv auswirkten, die mein Leben bereicherten oder mir Lektionen erteilten, die den Unterschied darstellten. Hier ein erster Ratschlag: Es gibt kein universelles Konzept!

Wenn mich Menschen aufsuchen und um einen Ratschlag bitten – sie nehmen an, dass ich während meiner Lebensspanne etwas Bedeutendes gelernt haben muss –, dann gebe ich ihnen die bestmögliche Hilfestellung: Folgen Sie bloß nicht meinem Tipp. Jeder Mensch ist einzigartig. Unterschiedlich. Ähnelt niemandem. Sie hatten nicht meine Mutter! Niemand kann in meinen Schuhen mühelos gehen; den meisten werden sie nicht einmal passen. Mir wiederum passen Ihre Schuhe nicht; ich würde mir vermutlich die Zehen wundreiben. Doch warum sucht man überhaupt nach Ratschlägen? Wir beginnen jeden Tag mit einem anderen Erfahrungshintergrund. Wir sehen das Leben durch unterschiedliche Prismen. Wir unterscheiden uns körperlich, emotional und mental. Wir sehen und erleben die gleichen Situationen anders. Den Hauch des Windes, das Gefühl, wenn ich mich mit einer Creme einreibe, die Wut, die ich spüre, wenn ein anderer Fahrer mich schneidet, meine Reaktion auf einen Witz oder einen Film – das variiert alles im Vergleich zu den Empfindungen anderer.

Jemanden zu erklären, wie er sein Leben führen soll, ist der Gipfel der Überheblichkeit, nicht nur für mich, sondern für alle. Es gibt nicht den einzigen Weg oder den richtigen Weg, etwas zu machen.

Führt nur ein einziger Pfad einen Berg hinauf? Kann man sich nur an eine Formel klammern, um seine Gesundheit zu erhalten? Gibt es nur einen Weg, eine Beziehung zu führen, oder gibt es viele, die sich dadurch unterscheiden, „in welchen Schuhen man steckt"? Ich habe keine Antworten auf diese Fragen, vielleicht haben sie die heiligen Männer auf den Berggipfeln? Allerdings leben sie nun mal auf Berggipfeln – was können sie also schon von der Reaktion eines Trottels wissen, der einem den Weg zum Starbucks abschneidet, wo man sich die erste Tasse des frischen Morgenkaffees gönnen will? Gibt es vielleicht so etwas wie einen „Bergpfad-Ausraster"?

Ich bin der Typ, der *Raumschiff Enterprise* über 79 Wochen rettete und damit endete, James Spader auf einer Veranda zu küssen. Doch ich stelle immer noch Fragen. Sogar in meinem Alter versuche ich, herauszufinden, wie dieses befremdliche, wunderbare und bizarre Etwas, das man Leben nennt, am besten seinen Verlauf nimmt. Ich weiß, was bei mir funktionierte, und freue mich darüber, dieses Wissen mit Ihnen zu teilen. Nehmen Sie das für Sie Wertvolle an – was in der Realität zuerst den Preis des Buches, abzüglich eines möglichen Rabatts, bedeutet.

Mir wurde in meinem Leben außergewöhnliches Glück zuteil. Mir boten sich Möglichkeiten, die anderen verwehrt blieben. Ich glaube daran, dass wir Wissen sammeln sollten, so viel Wissen, wie wir können, ähnlich den Steinzeitmenschen, die Nahrung zusammentrugen. Aus dem großen Haufen sollten wir die Lektionen aussieben, die in unserem Leben einen Sinn ergeben.

Angeblich kommt die Weisheit mit zunehmendem Alter. Ich habe das vor langer Zeit gelesen. Nun bin ich weit in meinen Achtzigern und muss mit leichtem Bedauern zugeben, dass ich nur sehr wenig weiß. Ich habe jedoch genügend Abgeklärtheit erlangt, um den Glauben, dass Weisheit sich mit dem Alter einstellt, abzutun. Allerdings kommen mit dem Alter Beschwerden und Schmerzen! Manchmal habe ich das gleiche Gefühl wie damals, als ich zum ersten Mal im Leben die Stadt verließ und die weite Natur aufsuchte. Ich bin in Montreal aufgewachsen, einer Metropole voller heller Lichter. In so einer großen Stadt ist es kaum möglich, das ganze Panorama des Nachthimmels zu sehen. Im Alter von elf Jahren schickte man mich in ein Ferienlager für Kinder aus sozial schwachen Familien. Eines Nachts schlich ich mich aus der Hütte, setzte mich auf einen Holzstamm, schaute hoch und überblickte zum ersten Mal die unendliche Weite des Universums. Ich sah zum Himmel hinauf und fiel buchstäblich hintenüber, überwältigt vom riesigen Ausmaß des Weltraums, denn ich hatte weder ein Konzept dafür noch eine Vorstellung davon. Ich glaube, niemals diese Ehrfurcht verloren zu haben oder das brennende Verlangen, mehr davon zu verstehen, als ich bisher weiß. Mein ganzes Leben habe ich mit der Suche nach Antworten verbracht, und ich bin immer noch dabei. Nur in einer Hinsicht bin ich mir sicher: Menschen, die vom Vortäuschen dessen leben, sie hätten Antworten gefunden, haben es in der Regel nicht.

Mit Sicherheit können wir nur Veränderungen und Wandel vorhersagen. Wir wissen, dass die Erfahrungen und das Wissen, auf denen unsere Entscheidungen basieren, sich verändern werden. Man erklärt uns, viele Kohlenhydrate und wenige Proteine zu uns zu nehmen, sei gut, doch nur ein paar Jahre später wird das exakte Gegenteil propagiert. Vermeiden Sie Fette, raten uns die Experten, und dann berichtet man, dass einige Fette doch sehr gesund seien. Einstein postulierte, dass die Lichtgeschwindigkeit konstant sei und dass sie sich niemals ändere, doch wer weiß das schon? Möglicherweise findet jemand heraus, dass die Lichtgeschwindigkeit variiert? Wir haben gerade erst eine Unregelmäßigkeit im Gravitationszentrum der Erde entdeckt, die sich überall auswirkt. Vor Jahren haben Menschen vertrauensvoll ihre Zukunft geplant, einen Beruf gewählt, dafür gelernt und hart gearbeitet, nur um wenig später herauszufinden, dass diese Profession nicht mehr existiert. Die Möglichkeiten der Technologie hatten sie ersetzt. Der Weg, den diese Menschen gewissenhaft verfolgt haben, das Gebiet, auf dem sie in vielen Fällen Experten wurden, mündete in eine Sackgasse. Mit der Verfügbarkeit des Computers wurde sogar die Tätigkeit des besten Schreibmaschinenmechanikers aller Zeiten überflüssig. Für das Überleben war nun die stetige Veränderung notwendig.

Falls ich überhaupt ein bisschen weise bin, beschränkt sich mein Wissen auf meine persönlichen Erfahrungen. Ich kann mich bestenfalls an das Erlernte erinnern und Ihnen die Wahlmöglichkeit überlassen, das auszuwählen, was auf Sie zutrifft. Das ist alles, was ich anbieten kann. Dies und das ist geschehen, hier habe ich so oder so gehandelt, und jenes ist das Ergebnis. Ich kann Sie nicht belehren, nur das vermitteln, was für mich in einigen Fällen funktionierte und in anderen eben nicht.

Ich hörte einmal einen Ratschlag, der großen Eindruck in meinem Leben hinterließ. Jemand, ich bin mir nicht einmal mehr sicher, wer es gewesen war, erklärte mir: „Du verfolgst eine Karriere, und es ist deine Karriere. Es ist die Karriere, die du verdienst. Es ist, allgemein gesprochen, deine Lebensreise und …" Meine Karriere? Meine Karriere und die damit verbundenen Pläne hingen immer vom nächsten Telefonanruf ab. Und ich wusste nie, wann – oder ob überhaupt – das Telefon läuten würde.

Wir hegen die Illusion, dass wir unseren Lebensweg wählen, doch das stimmt nicht. Die Straße ist noch nicht mal gepflastert. Während unseres Weges wird sie gerade erst geteert. Die großen Baumaschinen befinden sich nur knapp vor Ihnen – auf einem Weg, den Sie vermeintlich selbst auswählten, doch im Grunde genommen können Sie Ihr Leben kaum kontrollieren. Die Verhältnisse ändern sich stetig, und man passt sich ihnen ab. Man folgt einer sich dahinschlängelnden Straße, man fällt Entscheidungen, doch größtenteils sind wir von unkontrollierbaren Faktoren abhängig. Dinge geschehen. Ich hätte niemals damit gerechnet, Schauspieler zu werden, ein Album aufzunehmen oder Bücher zu schreiben. Ich hätte niemals damit gerechnet, Vorträge über Themen zu halten, zu denen ich recherchieren musste. All die unterschiedlichen Tätigkeiten, denen ich nachging – das Schauspielern, das Reisen, die Musik, die Beschäftigung mit Büchern, Pferden und Motorrädern –, hätte ich mir niemals erträumt. Die Möglichkeiten eröffneten sich mir, und ich habe sie beim Schopfe gepackt.

Manchmal wird von uns verlangt, wichtige und das Leben oft verändernde Entscheidungen zu fällen. Wird das notwendig, verbringen wir viel Zeit mit Grübeln, ängstlichen Vorstellungen und Kopfzerbrechen, versuchen, all das aus unterschiedlichen Winkeln zu beleuchten, um ganz sicherzugehen, die beste Wahl zu treffen. Dieser oder jener Job? Heiratet man diese Frau oder jenen Mann – oder besser doch nicht? Nimmt man das Angebot an? Welche Entscheidung führt uns zu Wohlstand oder Glück? Welche zu Verdammnis und Pech? Folgendes lernte ich: Es gibt niemals so etwas wie die richtige Entscheidung. Es gibt keine Sicherheiten, da man niemals weiß, was das Schicksal für jeden von uns bereithält.

Ich erinnere mich gut an einen Scheideweg meines Lebens, an dem ich eine Wahl treffen musste. Nachdem ich *Raumschiff Enterprise* fertiggestellt hatte, nahm ich – wie man es im Schauspielerjargon so schön umschreibt – eine kleine „Auszeit", legte eine kurze Ruhepause ein. Das bedeutet aber tatsächlich, dass man kein nächstes Engagement bekommt. Ich begann im saisonalen Sommertheater zu spielen und reiste gemeinsam mit meinem Hund in einem kleinen Pick-up-Truck. Auf der Ladefläche des Wagens hatte ich einen Aufbau montiert, eine Art kleines Häuschen zum „Reinkriechen". Statt das Geld für ein Hotel oder ein Motel auszugeben, stellte ich den Truck beim Erreichen des nächsten Theaters auf dem Parkplatz ab, schloss ihn an die Stromzufuhr an und wohnte dort für die jeweilige Spielzeit. So lebte ich drei Jahre lang.

Wenn im September die Saison endete, fuhr ich wieder nach Los Angeles zurück. Nach Ende der zweiten Spielzeit in Boston machte ich mich auf den langen Weg durch die USA, um die jüdischen Feiertage mit meinen drei Töchtern zu verbringen. Irgendwann am ersten Tag legte ich einen Stopp ein und machte das, was jeder Schauspieler tut. Ich setzte mich mit meinem Agenten in Verbindung. Nur für den Fall, dass ... Das war lange vor der Zeit der Handys, und so rief ich ihn von einem Münztelefon am Rande des Rastplatzes aus an. „Großartige Neuigkeiten", meinte er überschwänglich. „Rose Kennedy möchte dich zu einer Party auf dem Kennedy-Anwesen einladen. Dreh um, und fahr nach Boston zurück ..."

Die Kennedys wollten mich zu einer Party einladen? Einerseits war das eine ganz große Sache, aber ich hatte keine Ahnung, wer dort wohl auftauchen würde. Andererseits wollte ich unbedingt die Kinder sehen. Ich war hin- und hergerissen, erklärte ihm aber schließlich: „Ich schaffe das nicht, denn ich muss nach Hause, um endlich meine Töchter zu sehen." Er gab sich große Mühe, mich zu überzeugen, war aber erfolglos.

Zwei Tage später rief ich ihn aus Arizona an. „Rose Kennedys Büro hat schon wieder angerufen. Bill, sie wollen dich gerne bei der Party sehen. Sie haben sogar angeboten, eine Privatmaschine zu schicken, die dich abholt und wieder nach Hause fliegt!"

Die Kennedys waren die mächtigste Familie im ganzen Land und hatten gute Beziehungen nach Hollywood. Ich hätte eigentlich antworten müssen: „Ich bin gerade in Arizona. Schickt die Maschine hierher, wir fliegen nach L.A., um die Kids abzuholen, und nehmen sie mit zur Feier."

Das hätte ich sagen sollen. Ich antwortete jedoch: „Ich muss nach Hause, weil ich die Kinder sehen will!" Ich musste mich entscheiden, und tat es auch. Als ich zuhause ankam, waren meine Kinder ganz aufgeregt. Ich kann mich noch exakt an ihre Worte erinnern: „Oh, hi, Dad, wir gehen jetzt raus zum Spielen."

Wer weiß, was geschehen wäre, hätte ich mich anders entschieden und die Party der Kennedys besucht? Möglicherweise wäre ich einem Produzenten begegnet, der mich als exakt den Schauspieler erkannt hätte, den er gerade suchte? Vielleicht hätte er mich unverzüglich für einen extravaganten Film mit einem riesigen Budget gebucht? Dann wäre der Streifen ganz groß rausgekommen, und ich hätte nie wieder einen Aushilfsjob annehmen müssen und stattdessen eine lange und erfolgreiche Karriere erlebt …

Ich habe das Leben eines Schauspielers geführt. Gibt es überhaupt einen schlechter vorhersagbaren Beruf? Die Straße wird oft nur mit einem Tag Vorlauf gebaut, und manchmal muss man mit seinem Hund auf der Ladefläche eines Trucks leben und darauf warten, dass die Bauarbeiten fortgesetzt werden. In den Sechzigern erhielt

Norman Corwin, einer der großen Radio- und TV-Autoren, einen Auftrag von der University of Utah. Er sollte ein Theaterstück schreiben. Ich war bereits in einigen der Fernsehsendungen aufgetreten, deren Drehbücher von ihm stammten. Corwin schrieb ein wunderbares Stück und erzählte, er habe es mit mir vor Augen verfasst, was natürlich höchst schmeichelhaft war. Ich führte das wunderbare Stück in Salt Lake City auf und erinnere mich an ein Treffen an der Universität mit einem Professor mit dem Fachgebiet „Shakespeare". Ich erzählte ihm, dass das Stück Passagen enthalte, die Shakespeare gleichkämen. Das amüsierte ihn – bis er das Stück sah. Daraufhin erklärte er mir, dass er tatsächlich „Momente mit der Poesie und der Würde eines Shakespeare" erlebt habe.

Das Stück wurde mit Wohlwollen aufgenommen, und es schien so, als sei der Weg zum Broadway frei. Doch dann erhielt ich einen Anruf, dass der Pilotfilm für eine TV-Serie mit dem Titel *Rauschiff Enterprise* verkauft worden sei. Was wäre wohl geschehen, wenn ich den Job nicht angenommen hätte und stattdessen zum Broadway gegangen wäre? Ich und auch kein anderer hätte die Zukunft vorhersagen können. Ich hätte Tage, Wochen und sogar Monate mit Grübeln und dem Hinterfragen jedes einzelnen Details dieser Angelegenheit verbringen können, jedoch ohne nennenswerte Auswirkungen.

Ich verbrachte ein glückliches Leben, war immer zur richtigen Zeit am richtigen Ort, was allgemein angenehmer und einfacher ist, als die „richtige" Wahl zu treffen. Ich erhielt Rollen, bei denen der Charakter jung und gutaussehend sein musste (ich war auf jeden Fall jung), konnte den Text glaubwürdig genug vortragen und hatte den gewissen Ausdruck in den Augen, denn damals zielte die Kamera häufig auf die Augen ab. Meine Augenfarbe entsprach den Anforderungen, und Paul Newman hatte glücklicherweise keine Zeit. Solche Vorzüge sind auch bei Frauen von großer Bedeutung. Sie müssen das „richtige" Aussehen haben, das notwendige Begehren hervorrufen und so viele Pheromone aussenden, dass Sie darauf eine Karriere aufbauen können, bis Sie nicht länger diese gewisse Attraktivität ausstrahlen. Talent spielt auch eine wichtige Rolle, sogar eine sehr wichtige, doch nur, wenn das Telefon klingelt.

Bei mir bimmelte das Telefon stets zur richtigen Zeit, was den wohl beeindruckendsten Aspekt meines Lebens und der Karriere darstellt. Mir widerfuhren schon immer ungewöhnliche Ereignisse, und der Weg wurde für mich geebnet. Brauchte ich ein Engagement, schrillte das Telefon, und ich bekam ein Angebot. Gab es ein Problem, tauchte bald eine Lösung auf. Während einer Autogrammstunde vor einigen Jahren, beschenkte mich einer der Gäste mit einer guten Flasche Wein. Und danach erhielt ich von einem weiter hinten in der Schlange stehenden Fan einen Korkenzieher!

Warum passierte das? Wer bringt denn zu einer Autogrammstunde einen Korkenzieher mit? Doch es geschah tatsächlich. Ich habe gelernt, diese Merkwürdigkeiten zu akzeptieren und sie zu schätzen.

Doch ich stelle mir immer noch die Frage nach dem Warum. Wird mein Leben von einem Plan bestimmt, den ich bisher übersehen habe? Ich weiß mit absoluter Sicherheit, dass es in dieser Welt viel mehr gibt, als ich verstehen kann. Hinter der bekannten Welt existiert noch eine andere. Ich habe das erlebt, habe beobachtet, wie die Zukunft zur Gegenwart und dann zur Vergangenheit wurde, habe gesehen, wie sich die Spielzeuge aus *Raumschiff Enterprise* zu Werkzeugen des alltäglichen Lebens entwickelten. Meine Lebensspanne erstreckt sich vom Wunder des Radios bis zum Wunder der künstlerischen Arbeit mit Hologrammen. Ich weiß, dass mich das Unbekannte endlos fasziniert, weiß aber auch, dass es darüber hinaus noch viel, viel mehr gibt.

In meinem Alter kann ich auf das Leben zurückschauen und die bedeutenden Ereignisse erkennen, das, was geschah und den Unterschied ausmachte. Ich erkenne auch die Begebenheiten, die mir zum jeweiligen Zeitpunkt wichtig erschienen, die aber keinerlei Einfluss auf mein Leben ausübten. Es ist zugleich überraschend und seltsam, wenn man sich an all die Jahre erinnert und erkennt, welche Geschehnisse sich tatsächlich auf einen auswirkten.

Wir sind alle stark von unseren Kindheitserlebnissen geprägt. Nur wenige Menschen wachsen über die Ereignisse hinaus, die uns formten. Tief in jedem von uns existieren solche kindlichen Emotionen immer noch, und wir verbringen einen Teil unseres Lebens damit, sie zu schützen und zu hegen. Die Wahl, die wir treffen, und die Entscheidungen, die wir fällen, können ursächlich meist direkt zu diesen Erlebnissen zurückverfolgt werden. Es verblüfft mich immer wieder aufs Neue, an was ich mich erinnere. Wenn ich an bestimmte Geschehnisse oder Menschen denke, kann ich das mühelos, aber das sind nicht die Ereignisse, die einen enormen Einfluss auf mein Leben darstellten.

Pausieren Sie jetzt doch für eine Minute, lehnen Sie sich zurück, und erinnern Sie sich an Ihre frühsten Kindheitserinnerungen. Halten Sie die ersten Gedanken fest, die vor Ihrem inneren Auge erscheinen. Versuchen Sie nicht, diese zu analysieren oder von den Bildern abzuschweifen. Schließen Sie die Augen, und genießen Sie die „Show".

Das verbindende Element meines Lebens, der rote Faden, ist die Einsamkeit. Sogar als Kind gehörte ich keiner Gruppe an. Ich weiß nicht, warum. Es war keine bewusste Entscheidung. Möglicherweise lag es daran, dass ich als Jude eine mehrheitlich nicht-jüdische Schule besuchte? Ich kämpfte die ganze Zeit über um Zugehörigkeit, hatte aber nur wenige Freunde. Wenn ich die zehn Blocks zur Schule ging, sah ich all die anderen, die in Gruppen unterwegs waren. Ich hingegen lief alleine, doch ich wollte unbedingt gemocht werden. In der fünften Klasse feierten wir den Valentinstag und schickten so viele Grüße an Mitschüler, wie wir wollten. War man in ein Mädchen verknallt, ließ man ihr eine Aufmerksamkeit zukommen. Man konnte auch einen Gruß an den Freund aus dem Footballteam schicken, ihm erklären, wie toll es doch sei, in derselben Mannschaft zu spielen. Um der Demütigung zu entgehen, gar keinen Brief zu erhalten, adressierte ich sechs Valentinsgrüße an mich selbst. Schließlich bekam ich exakt diese sechs Grüße – und keinen einzigen mehr. Das erscheint auf den ersten Blick wie eine Nichtigkeit, doch ich habe das nie vergessen – wie ich auch das schreckliche Gefühl nicht vergaß, so einsam zu sein und so verzweifelt den Anschluss an eine Gruppe zu suchen. Einsamkeit: Das war die Hölle, in der ich als Kind lebte.

Dies zog sich wie ein roter Faden durch mein Leben. Ich habe viele Bekannte, es gab einige Menschen, die mir etwas bedeuteten, doch ich habe nur wenige enge Freunde. Mein engster Freud war Leonard Nimoy. Wir wurden in einem Abstand von nur vier Tagen geboren und wuchsen beide in jüdisch-orthodoxen Familien auf. Während unserer Karrieren teilten wir zahlreiche Erfahrungen. Ich habe Leonard sehr gemocht, und er nannte mich seinen Bruder. Dennoch: Am Ende seines Lebens konnte ich ihn – den Grund dafür habe ich immer noch nicht in Erfahrung gebracht – nicht mehr zu meinen Freunden zählen. Ich rief ihn an, doch er nahm weder ab, noch reagierte er auf die Grüße. Er starb, und ich fühlte mich bei der Beerdigung nicht willkommen.

Die einzigen Menschen, die mich wirklich kannten, waren meine vier Frauen. Mit jeder führte ich eine grundsätzlich andere Beziehung.

Die zweite Erinnerung aus der Kindheit, die in meinem Leben einen langen und massiven Widerhall fand, betrifft meine Mutter. Oh nein, nicht schon wieder ein jüdisches Kind mit einem Mutterkomplex! Allerdings werde ich mich bis zum Tod an einen bestimmten Augenblick erinnern – nicht nur an die damals gesprochenen Worte, sondern auch an die damit einhergehenden Gefühle: Wie normal und unschuldig ich in dem Moment doch war, und wie sehr die Implikationen einem Erdbeben in meiner Persönlichkeitsentwicklung gleichkamen! Ich war nicht älter als sieben Jahre, und ich erinnere mich glasklar daran. Ich stellte die Frage, die wohl jeder kleine Junge seiner Mutter stellt: „Wen liebst du mehr, mich oder Daddy?“

Sie zögerte noch nicht einmal: „Daddy, denn er schenkt mir immer etwas.“

Und so tauchte die Psychiatrie in meinem Leben auf! Glauben Sie mir, alle Psychologen der Welt hätten mich nach dem Zwischenfall nicht mehr „geradebiegen" können. Meine späteren Beziehungen zu Frauen lassen sich größtenteils auf diesen speziellen Tag zurückführen. Ich lebte bis zum Abschluss an der McGill University zuhause und war damals 21 Jahre alt. Ich kann mich dabei weder an negative noch positive Ereignisse erinnern, doch die Episode mit Mutter leuchtet strahlend in meinem Gedächtnis.

Ich sehe mir gerne Sportveranstaltungen an und höre Athleten, die zu ihrer glorreichsten Zeit oftmals voller Liebe über ihre Mütter sprechen. „Ich widme dir den Sieg, da du immer für mich da warst." Und wenn ich das höre, kehrt das Gefühl der Leere zurück. Denn ich habe das nie so empfunden, hatte niemals das Gefühl, dass meine Mutter für mich da war.

In meinem Leben gab es eine Zeit, in der ich das Gefühl der Einsamkeit mit Hilfe von Frauen vertreiben wollte. Ich erinnere mich an das erste Mal, an dem ich einer Frau einen Heiratsantrag machte. An der Universität hatte sich eine Gruppe zusammengefunden, die Theateraufführungen organisierte und sogar Musicals. Es war die einzige Gruppe, der ich damals beitrat. Ich spielte Theater, schrieb Texte und führte bei einigen Stücken sogar Regie. Zu den Mitgliedern gehörte auch eine wunderschöne studentische Hilfskraft. Sie war attraktiv und lieb, weshalb ich mit ihr ausging. Sie lebte damals in New York, wo ich sie dann besuchte. Bei einem Spaziergang im Central Park machte ich ihr einen Antrag. Ich wusste genau, warum ich mich so verhielt: Ich wollte einfach nicht allein sein. Natürlich hatte ich nicht den blassesten Schimmer, was die Ehe überhaupt bedeutet. Sie schien ein netter Mensch zu sein, war hübsch, und warum sollte ich sie nicht heiraten? Glücklicherweise sagte sie nein.

Ich war vier Mal verheiratet und habe das ganze Leben mit der Suche nach Liebe verbracht. Die fehlende Liebe stellte die Hauptantriebskraft auf meinem Weg dar. Entstand ein Vakuum, musste dies so schnell wie möglich gefüllt werden. Die Frauen mögen immer andere gewesen sein, doch der Drang zu heiraten verschwand niemals – das Bedürfnis, jemanden im Haus zu wissen, der auf mich wartet und sich meine Rückkehr wünscht.

Vor meinem geistigen Auge sah ich stets das Bild eines erleuchteten Fensters. Dieses Fenster repräsentiert alles, nach dem ich je gesucht habe. Bei einer Auto- oder Zugfahrt schweifte mein Blick in die Ferne, auf der Suche nach einem hellen Fenster. Vielleicht stand eine Lampe daneben, vielleicht leuchtete es bernsteinfarben und gelblich. Das Fenster war klar zu sehen, und das Haus sah einladend aus. Es symbolisierte für mich das Zuhause, einen Ort der Wärme und Liebe. Der dahinterliegende Raum strahlte Liebe aus, dort hielten sich Menschen auf, die mich in die Arme schlossen. Das Essen wurde als Ausdruck einer großen Zuneigung serviert. In dem Zimmer stand ein Bett, das Leidenschaft ausdrückte. All das befand sich auf der anderen Seite des Fensters.

Bei jeder Reise suchte ich nach dem Fenster, egal ob es Tag oder Nacht war.

Und es lag immer in weiter Entfernung.

Manchmal entdeckte ich ein Fenster, das einladend wirkte, und dachte: Mein Gott, könnte ich nur dorthin fahren, an die Tür klopfen und sagen: „Hey, Bill Shatner hier, dürfte ich eintreten und Sie fest in den Arm nehmen?"

Ich habe mich einen Großteil meines Lebens mit weniger abgefunden. Häufig stelle ich mir die Frage, wie oft ich – auf dem Höhepunkt des Ruhms – auf dem Weg in ein „unglückliches" Zuhause an einem Hotel vorbeifuhr und dachte: Wenn ich mich dort nur verstecken könnte, wenn ich doch anonym wäre und dortbleiben könnte – vielleicht würde ich mich dann glücklich fühlen.

Doch ich brauchte immer meine Hunde um mich herum. Und so kehrte ich in ein anderes unglückliches Haus zurück, lebte ein unglückliches Leben, bis es sich auflöste und einer anderen Existenz wich.

Ich lernte schnell, dass der Bund fürs Leben an sich nicht ausreicht. Während der ersten Ehe hatte ich dieses erleuchtete Fenster, eine Frau, die mich liebte, und drei wundervolle Babys, die ich aufzog und vergötterte. Es war alles, wovon ich geträumt hatte – und es wurde von einer Reihe von Geschehnissen zerstört, die ich nicht verstand und gegen die ich nichts ausrichten konnte. Es reichte nicht aus, und ich war unfähig, es zu kontrollieren. Ich war kein guter Ehemann und musste sicherlich noch viel lernen. Ich fühlte mich während der ersten Ehe so unglücklich, dass alles aus dem Ruder lief. Die Schuld lag bei mir.

Viele Jahre lang stand ich vor der Kamera und spielte einen anderen Menschen. Während der Aufnahmen zu *Raumschiff Enterprise* sollte ich eine geborene Führungsperson verkörpern und als Schauspieler absolut überzeugen. Ich musste also vor der Kamera stehen und lügen. Tja, das machte ich auch. Ich überzeugte die Menschen, dass ich mein Leben größtenteils kontrollierte und dass *ich* die Entscheidungen traf. Nachdem *Raumschiff Enterprise* ein Kulthit geworden war und wir deutlich mehr Aufmerksamkeit erhielten, als man sich jemals hätte vorstellen können, beschwerten sich einige der Schauspielkollegen, dass ich mich zurückhaltend und vermeintlich abgehoben gäbe. „Shatner ist wohl viel zu berühmt oder zu gut für uns …"

Das traf niemals zu. Ich wusste nur nicht, wie ich mich hätte anders verhalten können, wie man ein wahrer Freund ist. Im wirklichen Leben glich ich einem verängstigten Kind, das alles verloren hatte, was Schutz und Zurückgezogenheit anbelangte.

Wenn ich mich auf die Kindheit zurückbesinne, taucht noch eine dritte Erinnerung auf, eine Erfahrung, die einen deutlichen Unterschied ausmachte. Wir lebten im Westen Montreals, damals befanden sich dort die englischsprachigen Bezirke. Es war zugleich das Stadtende, sodass nur ein oder zwei Blocks entfernt ein Stall lag, der Reitunterricht anbot. Die Schüler ritten an den Feldern der Farmer entlang, die das Areal umgaben. Ich war ungefähr zehn oder elf Jahre alt und wollte um alles in der Welt reiten. Soweit ich wusste, hatte ich noch nie auf dem Rücken eines Pferdes gesessen, ein Umstand, der auch auf die Familie insgesamt zutraf. Vater schneiderte billige Anzüge, er ritt nicht, und Mutter sorgte sich ständig um ihr Aussehen, und allein der Gedanke, dass sie auf dem Rücken eines Pferdes sitzt, ist grotesk.

Die Geschichte, die ich Ihnen erzähle, handelt davon, dass ich die Ställe ausmistete, um genügend Geld für eine Reitstunde zu verdienen. Ich glaube aber nicht, dass sie exakt der Wahrheit entspricht. Irgendwie gelang es mir, das Geld zusammenzukratzen und mir ein Pferd zu mieten. In der Erinnerung sehe ich mich allein, doch ich denke nicht, dass das stimmt. Ich glaube nicht, dass die Besitzer einem Kind – welches nie auf einem Pferd gesessen hat – allein den Ausritt erlaubt hätten. Die Erinnerung ist lückenhaft, doch ich sehe mich im Schritttempo und leichtem Galopp in diesen Feldern. Am Ende der Stunde tauchten meine Eltern auf. Ich preschte auf den Platz und zügelte das Pferd.

Das aber ist wahr. Meine Mutter fragte – und das sind ihre exakten Worte: „Wo hast du denn das Reiten gelernt?" Ich glaube, ich antwortete: „Das mache ich schon seit Jahren." Es stimmte natürlich nicht, doch in meiner Vorstellung ritt ich schon lange Zeit. Ich weiß nicht, warum ich diese Verbundenheit mit Pferden empfinde, aber während meines gesamten Lebens suchte ich diese Tiere auf, die mir Trost spendeten. Ich bin ein Stadtkind, ein Junge aus Montreal. Warum finde ich beim Reiten inneren Frieden?

Die Pferde stellen eine Konstante in meinem Leben dar. Zuerst ritt ich nur, doch als es mir finanziell möglich war, schaffte ich mir Pferde an und züchtete sie. In den schlimmsten Zeiten meines Lebens wandte ich mich ihnen zu und fand so etwas wie inneren Frieden. Nachdem meine dritte Frau Nerine in unserem Swimmingpool ertrunken war, fühlte ich mich von der Trauer förmlich zerrissen, völlig verloren. Nerine war Alkoholikerin gewesen, und ich hatte sie nicht retten können, hatte versagt. Zwei oder drei Tage nach ihrem Tod fuhr ich zu den Stallungen raus. Ich setzte mich auf ein Pferd, ritt in eine Ecke der Koppel und weinte. Das ist eine höchst lebendige Erinnerung. Den ganzen Nachmittag über ritt ich langsam des Weges. Die Tränen liefen meine Wangen hinunter. Tag für Tag fuhr ich die 45 Meilen zur Farm, setzte mich auf das Pferd und weinte. Für eine lange Zeit fand ich auf dem Rücken des Tieres den einzigen Trost.

Beim Reiten fühle ich mich vollkommen dem Moment verhaftet, muss voll konzentriert sein, denn es geht um meine Sicherheit und die Sicherheit des Pferdes. Ich darf die Gedanken nicht abschweifen lassen. Die Stunden, die ich damals beim Reiten verbrachte, erlösten mich zumindest zeitweise von meinem Schmerz.

Doch mit Pferden habe ich auch überwältigende Glücksmomente erlebt. Meiner jetzigen Frau Elizabeth, die als Reitlehrerin arbeitet, begegnete ich aufgrund der beiderseitigen Liebe zu Pferden. Ich habe den therapeutischen Wert von Pferden erlebt und Jahrzehnte damit verbracht, die Hollywood Charity Horse Show auszurichten, die Millionen von Dollar für behinderte Kinder aufbrachte.

Ich habe natürlich auch noch viele andere Erinnerungen an meine Kindheit – Menschen und Orte, das aufregende Gefühl, auf der Bühne zu stehen und Anerkennung zu bekommen –, aber keine von diesen lässt sich mit dem bleibenden Eindruck der drei geschilderten Situationen vergleichen: so einsam zu sein, dass ich mir selbst Valentinsgrüße schickte, von meiner Mutter gesagt zu bekommen, dass sie meinen Vater mehr liebe, weil er ihr etwas schenke, und die anscheinend angeborene Fähigkeit des Reitens. Als das alles passierte, hätte ich mir niemals vorstellen können, dass ich darauf 75 Jahre später sogar noch so emotional reagiere, dass es einen Widerhall findet.

Wir alle teilen solche Erlebnisse. Sie haben uns nicht weniger geprägt als die Millionen von Jahre, in denen Wind und Wasser den Grand Canyon formten. Dies sind meine Erfahrungen, und auf sie habe ich auf die eine oder andere Art ein ganzes Leben lang reagiert. Sie gehören allein mir, so wie jedes Individuum seine eigenen besonderen Erinnerungen hat. Sich darüber klarzuwerden, welche Erlebnisse aus der Kindheit emotionale Anker darstellen, ist eine lohnenswerte Aufgabe. So viele wichtige Entscheidungen, die wir alle auf unserem Lebensweg treffen, sind direkte Auswirkungen dieser Geschehnisse.

Ich kenne meine Schwachstellen und gebe sie auch zu. Ich bin nicht immer der Mann gewesen, der ich sein wollte. Während ich all die Jahre durch das Leben stolperte hin zum Erfolg und sogar – das gebe ich beinahe ungläubig zu – zum Glück, habe ich einige wichtige Lektionen gelernt. Übernehmen Sie davon, was Sie wollen. Beherzigen Sie die Lehren, die Ihnen vernünftig erscheinen. Dies ist die Summe meiner Erfahrungen und meines Lebens.

2.
The Show Must Go On

Im Dezember 1970, ein Jahr nach Ende der Dreharbeiten zur dritten und letzten Staffel von *Raumschiff Enterprise* und bevor daraus ein kulturelles Phänomen wurde, wählte man mich für ein neues Stück eines jungen Autors namens Mart Crowley aus. Crowley schrieb später das ausgezeichnete Stück *The Boys in the Band* [deutscher Titel der Verfilmung des Stoffes: *Die Harten und die Zarten*]. Doch hier handelte es sich um *Remote Asylum*. Ich spielte einen „physisch und psychisch ausgebrannten amerikanischen" Tennisprofi. Eine liebenswerte Frau namens Nancy Kelly übernahm die Rolle meiner „kosmopolitischen, noch nicht geschiedenen Geliebten".

Die erste Aufführung fand im Ahmanson Theatre in Los Angeles statt, wo wir auf dem Weg zum Broadway mögliche problematische Passagen ausmerzen wollten.

Das Stück begann mit Nancy Kelly und mir, die im Dunklen die eröffnenden Textpassagen sprachen. Dann erstrahlten die Scheinwerfer, und der Vorhang öffnete sich. Wir hatten schon seit einigen Wochen geprobt, da es sich um eine schwierige Aufführung handelte. Sie spielte in einer wunderschönen Mittelmeervilla, die – wie wir schnell entdeckten – nicht das Paradies auf Erden war, sondern „ein Inferno darstellte, wo sich ein schmerzhaftes, höllisches Scheitern abspielte".

In der Premierennacht standen wir auf der dunklen Bühne und warteten auf unser Zeichen. Nancy lehnte sich zu mir herüber und flüsterte die Worte, vor denen sich jeder Schauspieler fürchtet: „Spielen wir in einem desaströsen Drama?"

Das „schmerzhafte, höllische Scheitern" bezog sich tatsächlich auf das Stück. Wir hätten es vielleicht schon bei den Proben erahnen können, doch waren betriebsblind. Wir machten unsere Jobs, und das Stück wurde einen ganzen Abend lang aufgeführt.

Schauspieler wissen, ehrlich gesagt, nur selten, ob das Theaterstück, der Film oder der Pilotfilm für eine Serie, an dem sie gerade arbeiten, ein Erfolg oder ein Misserfolg wird. Ich selbst habe das in den unterschiedlichsten Variationen miterlebt und weiß bestens, wie wenig ich eigentlich darüber sagen kann. Einmal spielte ich die Hautrolle in dem einzigen Film, der jemals in Esperanto gedreht wurde, der universellen Sprache. In jedem Land dieser Welt war das also eine „fremdsprachige" Produktion. Als der Streifen herauskam, hatte ich die Sprache längst wieder vergessen. Sogar ich verstand die Handlung nicht! Doch beim Dreh hatte ich genauso hart gearbeitet wie bei allen anderen Produktionen, in denen ich auftrat. Ich erlaubte es nicht, dass Zweifel an der Qualität oder am Potenzial des Projekts mein Arbeitsethos auch nur im Geringsten beeinträchtigten. Ich ging zum Dreh und zog den Job durch.

Jeder Erfolg, der mir zuteilwurde, begann damit, pünktlich am Set zu erscheinen, vorbereitet zu sein und die bestmögliche Arbeit abzuliefern. Das zu erwähnen, sollte eigentlich überflüssig sein. Denn es ist keiner tiefen Weisheit geschuldet, sondern nur gesundem Menschenverstand. Doch während meines gesamten Lebens markierte diese Einstellung einen wichtigen Unterschied zu anderen Kollegen. „The Show Must Go On" ist das Credo des Schauspielers, was sich allerdings nicht so leicht auf alle Tätigkeiten übertragen lässt. Ein solides Arbeitsethos bildet auf jeden Fall die Grundlage für den Erfolg: Erscheine rechtzeitig und gut vorbereitet zur Arbeit!

Ich weiß nicht, wie man nicht arbeitet. Mein Arbeitsethos ist offensichtlich tief in mir verankert. Wie ich herausfand, führte Arbeit zu immer mehr Arbeit. Für mich gibt es nichts Erschreckenderes als leere Seiten im Terminkalender.

Ich weiß nicht, ab wann genau ich von der Arbeit wie besessen war, doch ich bin es noch immer. Im Januar 2016 – ich war 84 Jahre alt – befand ich mich auf Tournee mit einem Soloprogramm. Ich spielte acht Shows in acht Städten an acht Abenden. Lucky Dave Memory, mein Bühnenmanager und „Mädchen für alles", begleitete mich auf der Reise. Wir landeten am Donnerstagabend auf dem Newark Airport und mieteten uns am folgenden Morgen einen kleinen Fiat, mit dem wir zur Show im Rahmen der Westbury Music Fair nach Long Island fuhren. Am Samstagmorgen sollten wir laut Plan vom LaGuardia nach Chicago fliegen, wo ein Auftritt im Rialto Square Theatre in Joliet, Illinois, anstand.

Am Freitagmorgen setzte sich Lucky Dave auf den Beifahrersitz – und ich mich hinter das Lenkrad. Ich liebe es, Auto zu fahren, hatte jedoch noch nie einen Fiat gesteuert. Wir führten ein wenig Gepäck mit uns, das kaum in den Kofferraum passte. Auf der Fahrt nach Long Island hörten wir die ersten Verkehrsnachrichten, die einen schweren Schneesturm ankündigten, der an der Küste entlang von Washington hochzog. Sie meldeten bis zu 70 Zentimeter Neuschnee weiter südlich, sagten aber nur rund acht Zentimeter für New York voraus. Ich war ein wenig besorgt, doch nicht beunruhigt. Als wir Westbury erreichten, meldeten sie ungefähr 15 bis 20 Zentimeter flockigen Niederschlag. Am späten Nachmittag hatte sich das Ganze in einen unvergleichlichen Schneesturm verwandelt, der das Gebiet um New York mit bis zu einem Meter Schnee eindecken sollte.

Unter diesen Bedingungen musste ich jedoch nach Long Island gelangen und danach Richtung Illinois fliegen.

Laut Vorhersage sollte der Sturm ungefähr um Mitternacht auf New York treffen. Wenn ich den Auftritt also rechtzeitig beenden würde, könnte ich noch zum LaGuardia Airport gelangen und vor dem großen Schneefall in Richtung Chicago abheben, von wo aus es dann nach Joliet weitergehen sollte. Meine Assistentin, die Tourmanagerin Kathleen Hays, versuchte ihr Möglichstes, um Plätze zu reservieren. Sie buchte uns einen Platz, aber dann hörten wir, dass um 16 Uhr LaGuardia, JFK und Newark geschlossen worden seien. Ich rief Kathleen an. „Wie sieht es mit Hartford aus? Hartford schließt nie!“ Wie sich herausstellte, bot Hartford einen Flug nach Chicago an, der jedoch sechs Stunden dauerte und zwei Zwischenstopps beinhaltete. Buch es einfach, meinte ich. Mir war das egal. Ich musste eine Show absolvieren.

Um 20 Uhr schloss man Hartford. Lucky Dave fragte mich: „Und nun? Was machen wir nun?“

Ich schaute ihm in die Augen. Lucky Dave ist eine abenteuerlustige und mutige Seele. Wir merkten schnell, den gleichen Gedanken gefasst zu haben: Wir mussten da durchfahren!

Ich möchte es noch einmal rekapitulieren: Ich war 84 Jahre alt und hatte all meine Rechnungen bezahlt. Auf meinem Bankkonto war mehr Geld, als ich jemals ausgeben würde. Der Theatermanager aus Joliet hatte sich mit Kathleen in Verbindung gesetzt und ihr erklärt, dass er es verstehe, wenn wir absagen würden. Es gab sprichwörtlich keinen zwingenden Grund, unbedingt dorthin zu fahren.

Allerdings dachte ich nicht ernsthaft darüber nach, die Show abzusagen. Die Show muss weitergehen. Ich verbrachte sieben Jahrzehnte damit, pünktlich und vorbereitet zu erscheinen. Irgendetwas tief in mir warnte mich, dass mein Ende an dem Tag einsetzen würde, an dem ich nicht mehr korrekt und wie von mir gewohnt erschiene. Lucky Dave ermutigte mich: „Heute Abend kommt ein Freund zum Auftritt. Er wiegt über 100 Kilogramm und kann hinten sitzen.“ Dann erinnerte er mich, dass er als New Yorker gar keinen Führerschein besitze. Doch sein Freund Big Pete werde sich mit mir abwechseln.

Okay, nun hatten wir einen Plan gefasst. Niemand behauptete, es sei ein guter Plan, aber es war zumindest ein Plan. Nach Ende der Show um 22 Uhr wollten wir uns in den kleinen Fiat mit Vierradantrieb quetschen und dem Schneesturm davonrasen.

Wegen der durch den Schneefall verursachten Verzögerungen begann der Auftritt allerdings später als geplant. Nachdem ich das übliche Treffen mit den Fans und das Autogrammschreiben beendet hatte, war es beinahe 23 Uhr. Wir warfen alles gehetzt in den Wagen,

Lucky Dave hockte sich auf den Beifahrersitz, und Big Pete mühte sich auf die Rückbank. Und losging's! Ich war zu allem entschlossen: „Wenn wir es nur über die George Washington Bridge schaffen, bevor es zu schneien anfängt ..."

Wir kamen problemlos über die Brücke und auf den Jersey Turnpike. Ich war voll konzentriert. In dem Augenblick gab es in meinem Leben nichts Wichtigeres, als es rechtzeitig nach Joliet zu schaffen, um den Soloauftritt zu absolvieren. Ich war wie besessen.

Ich musste dahin. Wir schafften es auf die US 80. Immer noch kein Schnee. Kurz nach Mitternacht sah ich die ersten Flocken im Licht der Scheinwerfer.

Wir durchfuhren Pennsylvania, als uns der Blizzard mit voller Wucht traf. Ich konnte kaum etwas vor mir auf der Straße erkennen. Bei den meisten Fahrzeugen, die noch unterwegs waren, handelte es sich um schwere Trucks, die mit einer Geschwindigkeit von 70 oder 80 Meilen pro Stunde an mir vorbeirasten. Vom Rücksitz aus gab Big Pete schließlich kleinlaut zu: „Ich weiß nicht, wie man bei Schnee fährt."

Auch egal. Ich war nun der Kommandant dieses Schiffes und würde uns nach Illinois bringen. Da ich aus Montreal stammte, wusste ich, wie man bei Schnee fährt. Natürlich hatten die fünf Jahrzehnte, die ich nun in Kalifornien lebte, wenig Möglichkeiten zum Üben geboten. Ich entschied also, mich hinter einen Truck zu klemmen, der den Weg für uns bahnte, fand einen mit vernünftiger Geschwindigkeit und fuhr ihm hinterher.

Die Wetterbedingungen verschlechterten sich. Auf der Straße lagen mindestens 15 Zentimeter Schnee, der zu überfrieren begann. Ich folgte dem Truck mit einem Sicherheitsabstand von rund 40 Metern. Plötzlich schoss er blitzschnell zum Standstreifen rüber – und direkt vor mir stand ein silberner Audi mitten auf dem spiegelglatten Highway. Mir gelang es, den Wagen rüberzuziehen, wodurch ich um Haaresbreite am Hindernis vorbeikam. Als ich den Audi passierte, sah ich, dass er in der falschen Fahrtrichtung stand – alle Lichter leuchteten auf: Scheinwerfer, Blinker, Bremsleuchten. Ich warf Lucky

Dave einen Blick zu. Er starrte direkt nach vorne, seine Augen so weit aufgerissen, wie ich es noch nie gesehen hatte.

Es ging weiter. Wir fuhren, als hinge mein Leben davon ab, nach Joliet zu gelangen, was – wie wir später herausfinden sollten – auch auf eine unheimliche Art zutraf. Nach einer weiteren Stunde Fahrt entschieden wir uns zu einem Stopp, um zu tanken und etwas zu uns zu nehmen. Als wir langsam an den Parkplätzen vorbeisteuerten, bemerkte ich die gewaltigen, dicht aneinander geparkten Trucks. Sie glichen einer Elefantenhorde, die darauf wartete, dass der gleißende Schneesturm abklang. Schließlich parkte ich ebenfalls. Während Big Pete zum McDonald's hastete, versuchte ich, den Sturm auf meinem Handy nachzuverfolgen. 50 Meilen vor uns bestand noch eine einhundertprozentige Schneewahrscheinlichkeit, doch 30 Meilen weiter lag sie nur noch bei 90 Prozent.

„Da ist eine Lücke!", jubelte ich in Richtung Lucky Dave und Big Pete. Zehn Prozent schienen momentan schon viel zu sein. Wir sprangen zurück in den Wagen, brausten los, schlängelten uns in den Verkehr auf dem Highway ein und passten uns dem Verkehrsfluss an. Nicht länger als sieben oder acht Minuten später stand mitten auf der Straße ein Auto. Es war der silberne Audi! Ich steuerte um ihn herum, aber diesmal blockierten die Bremsen. Glücklicherweise gelang es mir, an dem Wagen vorbeizuschlittern. „Das ist der Geister-Audi", rief ich verblüfft. Das war doch nicht zu fassen! Ich war die letzten zwei Stunden mindestens mit einer Durchschnittsgeschwindigkeit von 50 Meilen gefahren, weitaus schneller als der andere Verkehr. Wie konnte er da vor uns sein? Dafür gab es keine rationale Erklärung, denn wir hatten auch nur kurz gehalten. Aber dort stand er.

Es begann stärker zu schneien. Ich fuhr weiter. Was wir hier veranstalteten, ergab keinen Sinn. Ich wusste das, konnte aber nicht anders. Auf der Straße befand sich keine Menschenseele, denn sogar die schwersten Trucks standen nun am Rand. Ich fuhr weiter, hatte jedoch eine panische Angst, dass wir vom Highway rutschten und in einer Schneeböe landeten. Uns stand nichts zur Verfügung, was wir eventuell gebraucht hätten, nicht einmal eine Decke. Schließlich meldete sich Big Pete zu Wort und schlug vor, dass es vielleicht sinnvoll sei, auf einem Rastplatz zu halten.

Sinnvoll? Anhalten? „Ich muss nach Joliet", drängte ich, die Augen auf das fokussiert, was noch irgendwie auf der Straße zu erkennen war.

Als wir das 90-Prozent-Gebiet erreichten, schien sich der Schneefall zu beruhigen. Dann gelangten wir in den Bereich von 80 Prozent. Und – peng – fuhr ich aus dem Sturm heraus.

Wir erreichten Joliet am Morgen. Ich schlief einige Stunden und absolvierte danach den Auftritt. Niemanden schien es zu interessieren, dass ich mein Leben riskiert hatte, um nach Joliet zu gelangen. Das Publikum hatte die Karten gekauft und wollte unterhalten werden.

Nach der Show wollte ich ein wenig schlafen, doch ich fühlte mich so aufgekratzt, dass es unmöglich war. Wir setzten uns in den Fiat, Big Pete mühte sich auf den Rücksitz, und schon ging es auf direktem Weg nach Detroit. Ich setzte Big Pete am Flughafen ab, von wo aus er nach New York zurückflog, absolvierte den Auftritt in Detroit und flog am nächsten Tag nach Hause.

Wie verrückt war ich nur gewesen? Drei Kerle in einem Fiat 500? Was hatte mich dazu getrieben? Tja, sicherlich nicht Big Pete, denn als Mann ohne Führerschein hatte er nicht den leisesten Schimmer von Antrieben.

Ich lernte in meinem Leben früh eine Lektion, die immer einen Unterschied ausmacht: Der Erfolg beginnt mit dem Erscheinen, dem Auftreten, dem Kommen. Ich denke, die Behauptung ist zutreffend, dass nicht jede Show oder jeder Film, in dem ich aufgetreten bin, als prestigeträchtig angesehen werden kann. Falls ich jedoch etwas ablehne, mache ich mir lange und intensiv Gedanken darüber. Statt abzusagen, sehe ich lieber jeden Job als Gelegenheit, meinen Beruf als Schauspieler auszuüben. Und dafür erhalte ich sogar noch eine Gage!

Ich muss zugeben, dass ich zuerst zögerte, als man mir die Rolle des „Fernsehproduzenten" im Film *Das Horror-Hospital* von 1982 anbot. Es ist die Story „eines geistig verwirrten, Frauen hassenden Killers, der eine Journalistin überfällt. Als er herausfindet, dass sie den Angriff überlebt hat, taucht er im Krankenhaus auf, um sie auszuknipsen". Ich erwartete sicherlich keinen Kritikerjubel, sondern wollte meinen Job so gut wie möglich machen und den Scheck entgegennehmen. Und danach hoffte ich auf ein neues Angebot.

Es war ein Job, und ich sagte zu. Ich verfolgte den Mörder durch die Korridore des Krankenhauses.

Vor langer Zeit habe ich eine Story gehört, die mir im Gedächtnis haften blieb. Nur wenige wissen, dass der junge John Wayne einer der ersten der sogenannten „Singing Cowboys" war. Wayne drehte eine Serie von B-Movies. Sie verursachten kaum Kosten, es gab so gut wie keine Story, abgesehen von der Tatsache, dass der Typ mit dem weißen Hut den Typen mit dem schwarzen Hut verprügelt, und sie mussten in sechs Tagen im Kasten sein. Anscheinend stapfte Wayne also während der großen Depression auf dem Fox-Gelände herum und traf den großartigen Humoristen Will Rogers. „Wie läuft's so, Kid?", fragte ihn Rogers.

Als Antwort ließ Wayne seiner ganzen Enttäuschung freien Lauf und beklagte sich darüber, dass das Studio ihn zum Drehen von schrecklichen B-Movies verdonnert habe und er dabei Songs schmettern müsse. Er klagte immer weiter.

Rogers hörte sich das alles geduldig an. Als John Wayne sich beruhigt hatte, gab er ihm den besten Ratschlag seines ganzen Lebens. „Du arbeitest doch?", fragte er

Wayne nickte: „Yeah."

„Arbeite weiter", meinte Rogers lapidar und ging seines Weges.

Das bringt meine Einstellung auf den Punkt: Arbeite weiter.

Geh hin, mach deinen Job, und es werden sich positive Folgen einstellen. Und manchmal bedeutet das eben auch, seinen Job unter weniger optimalen Bedingungen zu erledigen.

Die fortlaufende Arbeit eines Schauspielers hängt meist einzig und allein von den Entscheidungen anderer Menschen ab. Je älter man ist, desto schwieriger wird es in diesem Geschäft, Rollen zu finden, das ist eine unumstößliche Realität. An einem bestimmten Punkt der Karriere suchen die für das Casting Verantwortlichen einen „William-Shatner-Typ“, da William Shatner nicht mehr William Shatner spielen kann. Doch wenn man überaus viel Glück hat – so wie es bei mir der Fall war –, wird man so bekannt, dass die Macher noch weiterhin Spaß an einer Zusammenarbeit haben.

Um die leeren Seiten meines Terminkalenders zu füllen, habe ich meine Soloshow kreiert, die sich als Performance-Kunst verstehen lässt. Ich schrieb die Show und half bei der Inszenierung. Mehrmals jährlich mache ich eine Tour von einer Woche oder etwas länger. Ich möchte sie „William Shatner ohne tanzende Damen“ titulieren.

Beinahe zwei Stunden lang stehe ich dabei allein auf der Bühne. Mein Freund Brad Paisley schrieb einen Song mit der Zeile „I'm an entertainer, and that's all“, und um dieses Thema dreht sich der Auftritt. Ich möchte Sie 90 Minuten lang unterhalten. Ich erzähle einige Geschichten, ich singe, und ich plaudere frei von der Leber weg. Zu Beginn trat ich mit einer anderen Person auf. Meist rekrutierte ich einen bekannten DJ von einem Lokalsender, der mir gegenüber Platz nahm und Fragen stellte. Doch bei einer Einladung des Music Box Theatre am Broadway änderte ich die Struktur. Ich strich die Fragen und ersetzte die andere Person durch einen Stuhl. Aus dem Bürostuhl entwickelte sich eine Requisite: Er ist mein Motorrad, er ist ein Pferd, er ist ein Fiat 500 mit dem auf dem Rücksitz zusammengequetschten Big Pete, doch ich brauche ihn auch, um mich einige Minuten hinzusetzen.

Die Aussicht, auf dem Broadway 50 Jahre nach dem letzten Auftritt zu spielen, begeisterte mich. Das New Yorker Publikum ist am anspruchsvollsten, kritischsten und zugleich am liebenswertesten, weshalb ich zur Vorbereitung des Auftritts die Show neu schrieb und inszenierte. Ich fügte neues Material hinzu und strich altes, was zu einer essenziell neuen Performance führte. Am ersten Abend fand auch das Debüt des brandneuen Konzepts statt.

Ich war sehr aufgeregt und ängstlich und stellte mir die Frage: „Was zum Teufel werden sie davon halten?“ Am Abend vor dem großen Auftritt nahmen Elizabeth, meine Wenigkeit und mein Manager Larry Thompson ein frühes Dinner ein, damit ich schnell ins Bett kam, um mich für den Auftritt gut auszuruhen. In dem exquisiten Restaurant aß ich nur einen Hamburger. Am nächsten Morgen wachte ich mit einer Lebensmittelvergiftung auf.

Mein Magen tanzte, und ich fühlte mich todkrank. Daraufhin verbrachte ich den ganzen Tag im Hotelzimmer und traute mich nicht, den Sicherheitsradius der Toilette zu verlassen. Glücklicherweise eilte mir der fantastische Dr. Mehmet Oz zu Hilfe. Ich war vollkommen dehydriert, bekam aber nichts runter, fühlte mich krank und schwach. Ich zog es jedoch keine Sekunde in Erwägung, die Show abzusagen. Ein Soloauftritt am Broadway stand bevor! Auf den Abend hatte ich 50 Jahre lang hingearbeitet.

Schließlich schaffte ich es zum Theater. Das Music Box war ausverkauft, die Kritiker hatten Platz genommen, und ich litt unter einer Lebensmittelvergiftung. Ich ging auf die Bühne, der Wärme des Publikums entgegen, was möglicherweise die beste Medizin war. Zu Beginn des Auftritts verflüchtigten sich meine Ängste und für einige Minuten sogar die Symptome der Vergiftung. Ich vergaß alles – aber nur für eine kurze Zeit. Dann schüttelte es mich durch.

Überrascht musste ich feststellen, dass sich überhaupt noch etwas in mir befand, doch ungefähr zur Hälfte der Show machte ich mir in die Unterhose. Alles was ich je gelernt habe, der Glaube, dass die Show weitergehen musste, wurde an diesem Abend auf eine Bewährungsprobe gestellt. Ich stand auf der Bühne und dachte: Eines Tages erzähle ich die Geschichte aus einer historischen Perspektive, und die Leute werden sich über diese Peinlichkeit köstlich amüsieren. Das ist doch eine wunderbare Story – aber nicht heute Abend. Nicht in diesem Augenblick.

Ich erklärte dem Publikum: „Es tut mir leid, aber wir haben ein kleines technisches Problem. Ich bin sofort wieder zurück.“ Ich hastete die Treppe rauf und sprang kurz unter die Dusche. Elizabeth hielt sich in der Garderobe auf. Ich wechselte also die Unterhosen, rannte wieder runter, zurück auf die Bühne und beendete die Show.

Zu meiner Verblüffung kam nichts mehr nach. Der Auftritt wurde mit guten Kritiken honoriert, und ich hatte während der kompletten Aufführungsdauer keine Probleme mehr: Die Show lief, und meine Läufe endeten.

Seine Einsatzbereitschaft zu zeigen, verlangt oft nur ein einfaches Ja. Ein Bekannter lebt nach einer unumstößlichen Regel: Klingelt das Telefon, lautet die einzig mögliche Antwort: „Ja." Egal, welche Frage gestellt wird. Die Antwort heißt: „Ja!" So mag auch das Credo der Schauspieler sein. Nur wenige Darsteller, besonders zu Beginn, in der Mitte oder am Ende der Karriere (also immer), können es sich leisten, eine Arbeit auszuschlagen. „Wir wollen, dass du gefühlvoll einen Stein spielst. Möchtest du lieber ein Felsen oder ein Kieselstein sein?" „Wir wollen, dass du die Hauptrolle in einem Film übernimmst, der in einer Sprache gedreht wird, die niemand versteht." „Kie estas la necesejo?" Das bedeutet in Esperanto entweder „Ich nehme den Job an" oder „Wo ist die nächste Toilette?"

Ein von mir sehr geschätzter Produzent, mit dem ich häufig arbeitete, wollte mich mit einem Helikopter auf einen Gletscher transportieren und dann mutterseelenallein zurücklassen. Meine beiden schlimmsten Ängste sind Einsamkeit und große Höhen. Diese Herausforderung kombinierte beide! „Ja", lautete meine Antwort.

Bevor der Helikopter abflog und mich allein Tausende Fuß hoch auf einem Bergkamm zurückließ, sprach der Produzent die beruhigenden Worte: „Beweg dich hier nicht so viel. Möglicherweise ist eine Gletscherspalte in der Nähe."

Naja, um eins musste er sich wirklich keine Sorgen machen – dass ich mich hier oben ausgedehnt bewegen würde.

Ein Ja auszusprechen, ist ein Beginn. Antwortet man mit Nein oder ausweichend, verbaut man sich eine Möglichkeit. Das ähnelt dem Verhalten, auf ein Blind Date mit einem Nein zu reagieren. Der Mann oder die Frau mögen vielleicht nicht der ideale Partner sein, aber mal ein nicht wünschenswertes Dinner mit einem Serienmörder ausgeschlossen, verbaut man sich damit die Chance, eine neue Welt kennenzulernen, neue Menschen zu treffen, neue Abenteuer zu erleben.

Manchmal ist ein Ja auch vorzuziehen, obwohl die Logik und der gesunde Menschenverstand zu einem Nein tendieren lassen. Das kann vielleicht eine bedeutende Entwicklung im Leben anstoßen. Am Anfang meiner Karriere hatte ich das Glück, beim Stratford Festival für den großartigen Regisseur Tyrone Guthrie arbeiten zu dürfen. Für einen jungen Schauspieler stellte es eine bemerkenswerte Gelegenheit dar, mit den Besten der Zunft zu arbeiten. Ich fungierte als Nebendarsteller, der jede noch so kleine und freie Rolle übernahm. Bei der Aufführung von *Heinrich V.* spielte ich den Herzog von Gloucester und studierte als Ersatz für Christopher Plummer die Hauptrolle ein.

Ich stand ungefähr fünf Minuten auf der Bühne, und Chris Plummer dominierte das Stück. Es ist eine der größten jemals von Shakespeare geschriebenen Rollen. Sie ist hochkomplex und erfordert das langsame Enthüllen der Seele eines Menschen. Chris Plummer brillierte bei seiner Darstellung und erhielt tosenden Beifall. Da ich der Arbeit mit Fleiß nachging, studierte ich seine Rolle ein. Ich war mir sicher, dass es sich auf eine Chance zum Lernen beschränkte, da diese Produktionen meist nur eine kurze Zeit liefen und die Hauptdarsteller oder Hauptdarstellerinnen so gut wie nie einen Auftritt verpassten. Da wir zudem während der Saison schon das nächste Stück probten, bot sich den Nebendarstellern so gut wie niemals eine Gelegenheit, sich auf der Bühne zu beweisen.

Tatsächlich konnte höchstens der Tod oder ein extrem schmerzhafter Nierenstein den Hauptdarsteller von der Bühne fernhalten. Eines Morgens erhielt ich einen Anruf vom Produktionsbüro: Chris Plummer plagten unerträgliche Schmerzen, verursacht durch eben einen Nierenstein. Ob ich wohl an dem Abend auf die Bühne könne?

Auf die Bühne? Einen der respektiertesten jungen Theaterdarsteller ersetzen, eine der komplexesten Shakespeare-Rollen in einem Stück übernehmen, das ich noch nie in dieser Rolle geprobt hatte? Ich hatte den Text ja noch nicht mal laut gesprochen, war einigen der anderen Schauspieler noch nie näher begegnet! Wir hatten *Heinrich V.* noch kein einziges Mal zusammen aufgeführt, und ich wusste gar nicht, ob mir das Kostüm passte. Meine gesamte Vorbereitung beschränkte sich auf die Beobachtung Plummers in seiner Rolle.

Auf die mir gestellte Frage gab es jedoch nur eine einzige korrekte Antwort: „Auf jeden Fall!“ Ich signalisierte mein Einverständnis, hätte gar nicht gewusst, wie man Nein sagt.

Natürlich zog ich nicht mal das Risiko in Erwägung, das ich da einging. Ich war ein junger Schauspieler, von dem noch niemand etwas gehört hatte, und spielte mit dem Risiko eines Desasters. Meine Karriere hätte an dem Abend enden können. „Shatner? Ist das nicht der Kerl, der sich beim Stratford Festival total blamiert hat?“

Wenn ich nun zurückschaue – 60 Jahre später –, empfinde ich für diesen jungen Typen große Bewunderung. Ich kann mich nicht erinnern, was ich damals wohl dachte, aber es freut mich immer noch, dass ich den Mumm hatte, „Ja“ zu sagen, sogar zu so einem frühen Zeitpunkt meines Lebens. Es gibt Menschen, die mit „Nein“ geantwortet hätten, und das wäre eindeutig die vernünftigste Antwort gewesen. Doch nicht für mich. Es ist ein weiterer der roten Fäden, die durch mein Leben liefen. Ich sage „Ja“.

Woran ich mich am besten erinnern kann, wenn ich an den Abend zurückdenke? Die fehlende Angst. Ich hätte nervös sein müssen. Ich stand davor, auf die Bühne hinauszugehen, beinahe unvorbereitet und das auch noch vor einem vollen Haus in einem der prestigeträchtigsten Theater der Welt. Warum empfand ich keine Angst? Woher kam nur das Selbstvertrauen? Oder war ich vielleicht so naiv, dass ich es nicht besser wusste?

Die Inszenierung war mir hinsichtlich der Details nicht geläufig, weshalb meine größte Sorge darin bestand, eventuell einen der Kollegen umzurennen. Andere Darsteller während einer Aufführung anzurempeln, wird als ganz schlimmer Fauxpas angesehen. Wenn ein Stück Premiere hat, „friert“ der Regisseur es ein, was bedeutet, dass die Schauspieler bei jeder einzelnen Darbietung von nun an die gleichen Bewegungen machen und dieselben Texte sprechen. Schon die kleinste Abweichung verursacht einen wellenförmig um sich greifenden Effekt, der die Kollegen dazu zwingt, darauf zu reagieren.

Am Abend, an dem ich Christopher Plummer vertrat, war die Inszenierung recht simpel, da ich meine Rolle als Nebendarsteller kannte: Wenn sich Plummer hinsetzte, stand ich auf, wenn er aufstand, setzte ich mich hin.

Der Auftritt wurde wunderschön und lief außergewöhnlich gut. Die anderen Schauspieler unterstützten mich, und ich spürte, wie ich dem Publikum ans Herz wuchs. Ich verpatzte weder Zeilen, noch missachtete ich ein Zeichen – bis zu einer der letzten Szenen. Als die französische Prinzessin hereinkam, schaute ich sie direkt an – und hatte eine Mattscheibe. Ich wusste, dass jetzt eine Zeile von mir kommen musste, hatte aber nicht den blassesten Schimmer, wie sie lautete. (Vielleicht: „Hi, Prinzessin, was geht so ab?")

Exakt in dem Moment wurde mir klar, dass „Ja" vielleicht doch nicht die richtige Antwort gewesen war. Ich stand da und praktizierte edles Schweigen.

Zum Ensemble gehörte auch der hervorragende junge Schauspieler Don Cherry, der meinen jüngeren Bruder verkörperte. Was in dem Moment am wichtigsten war? Don Cherry durfte sich eines fotografischen Gedächtnisses rühmen. Er kannte das gesamte Stück auswendig – Wort für Wort. Deshalb improvisierte ich eine abweichende Inszenierung. Ich ignorierte die französische Prinzessin, ging zu Don Cherry rüber, warf meinen Arm über seine Schulter und flüsterte: „Wie lautet die Zeile?"

Don Cherry grinste verlegen, denn in dem Augenblick wusste er es auch nicht. Doch dann – wie aus heiterem Himmel – fiel mir die Zeile ein. Ich sprach sie mit einer Inbrunst, als hätte ich sie die ganze Zeit über parat gehabt. Nur die Kollegen wussten, was geschehen war. Und ich durfte mich der Standing Ovations und überschwänglicher Kritiken erfreuen. In vielerlei Hinsicht verwandelte ich mich in dieser Nacht von einem angehenden Darsteller zu einem Schauspieler. Es markierte den tatsächlichen Beginn meiner Karriere. In Stratford verpflichte man mich von nun an für größere Rollen, wodurch sich weitere Möglichkeiten eröffneten.

Ich sagte „Ja", und dadurch verlief mein Leben anders.

Zugegebenermaßen gab es auch andere Situationen, bei denen ich meine Zustimmung signalisierte und die keinen guten Ausgang nahmen.

Früher im Leben, ungefähr vor 50 Jahren, war ich Jäger. Die Vorstellung fällt mir nun schwer, wie ich damals das Töten von Tieren als Sport überhaupt praktizieren konnte, aber ich tat es. Ich gehörte nicht zu der Gruppe, die behauptet, sie müsse der Nahrung wegen jagen, denn zum Essen besuchte ich Restaurants. Für mich war es ein Sport. Heutzutage bin ich gegen das Jagen – aus philosophischen Beweggründen, sozialen, moralischen und empirischen. Doch zu der Zeit trat ich mehrmals in diesen Outdoor-Jagdshows auf, denn die Öffentlichkeitswirksamkeit wurde für einen Schauspieler als karrierefördernd angesehen.

Ich jagte mit Pfeil und Bogen, war recht gut darin und stellte mich sogar einem Wettkampf im Cobo Center in Detroit. Doch dann lud man mich ein, Wildschweine auf Catalina Island zur Strecke zur bringen. Natürlich antwortete ich mit dem üblichen „Ja". Im Rahmen der Show wollten wir das Tier nach dem Erlegen auch essen. Ich entdeckte also ein Wildschwein, ließ den Pfeil von der Sehne schnellen und traf es. Das verwundete Tier rannte in das dichte Unterholz, wodurch sich ein kleiner Tunnel bildete. Mich begleitete ein bewaffneter Wildhüter, da Wildschweine große und sehr gefährliche Tiere sind und sogar einen Menschen töten können. Mein Beschützer schlug vor: „Wir werden also Folgendes machen. Ich gehe in einem großen Bogen zum hinteren Ende des Gehölzes. Wenn ich Position bezogen habe, folgst du dem Schwein in den Tunnel und jagst es zur anderen Seite raus. Ich werde es dann erlegen."

Erneut kam es mir nicht in den Sinn, ganz einfach „Nein" zu sagen. Das wurde hier ja alles gefilmt! Eigentlich hätte ich logischerweise den Vorschlag unterbreiten sollen: „*Du* kriechst in den Tunnel und jagst es raus, und ich warte auf der anderen Seite und werde es mit Pfeil und Bogen erlegen." Stattdessen sagte ich: „Ja." Mir kam es überhaupt nicht in den Sinn, eine andere Entscheidung zu treffen. Ich konnte mich lediglich weigern oder – falls mich das verwundete

Schwein jagte – schnell den Rückzug antreten. Das Gestrüpp war so dicht, dass der Kameramann mir nicht folgen konnte. Oder vielleicht – wenn ich es aus der Retrospektive von mehreren Jahrzehnten betrachte – war er auch viel zu klug, um mir zu folgen. Auf jeden Fall begnügte er sich damit, Aufnahmen von sich bewegenden Büschen zu machen.

„Bist du drin, Bill?"

„Ich bin drin."

„Okay, gut. Geh weiter."

Ich machte das, was man mir aufgetragen hatte. Als ich ungefähr fünf oder sechs Meter im dichten Grün steckte, wurde mir plötzlich klar, gefangen zu sein. Ich steckte in einem Tunnel und kam nicht so schnell raus. Wenn das Wildschwein nun auf mich zustürmte – wie es verletzte Tiere häufig machen –, war ich völlig hilflos. Ich hatte zwar Pfeil und Bogen als Waffe, konnte mich aber wegen des dichten Gestrüpps nicht aufrichten.

Glücklicherweise hatte ich das Tier tödlich verletzt, das in den Büschen verendet war.

In meiner Erinnerung ist die Symbolträchtigkeit des Moments noch lebendig. Wie oft nahm ich an Shows teil, in denen ich mich gefangen fühlte, unfähig, da rauszukommen. Shows, bei denen das gesamte Ensemble sich darüber wunderte, was es dort eigentlich machte.

Jeden Tag muss ich Entscheidungen fällen. Ich habe gelernt, nicht auf eine Art göttliche Inspiration zu warten, die mir plötzlich in den Sinn kommt und mir die richtige Antwort einflüstert, den richtigen Weg weist. Bislang ist das noch nie passiert. Stattdessen traf ich Entscheidungen, wonach ich alles in meiner Macht liegende unternahm, damit der Entschluss sich für mich als optimal herausstellte.

Das Leben verläuft zyklisch. Ich habe gelernt, dass einige der Entscheidungen für mich richtig waren. Obwohl ich es nicht mit absoluter Bestimmtheit sagen kann, bin ich mir aber auch sicher, dass meine Lebensumstände manchmal hätten besser sein können, hätte ich eine andere Wahl getroffen.

Schaue ich auf all die Jahre zurück, gibt es allerdings nicht viel, was ich ändern würde, wenn ich es könnte. Die in all den Jahrzehnten getroffenen Entscheidungen, die richtigen und die weniger richtigen, stellen sich in ihrer Gesamtheit und mit Blick auf ihre Auswirkungen nicht als grundsätzlich unterschiedlich dar. Mir war es wichtig, das Beste aus jeder Situation herauszuholen und nicht zurückzuschauen.

Doch es gibt eben den einen bedeutenden Aspekt, der während meines Lebens einen wichtigen Unterschied markierte: Ich sage: „Ja!“

3.
Die Leidenschaft für Leidenschaften

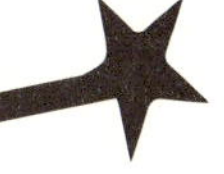

Eines Abends Ende April 2017 besuchten meine Frau Elizabeth und ich unser bevorzugtes Thai-Restaurant. Das Lokal sieht nicht besonders attraktiv aus und befindet sich im hinteren Teil einer kleinen Mall, aber ich garantiere Ihnen, dass Sie dort das beste Thai-Essen aller Zeiten zu sich nehmen können. Auf dem Weg zum Dinner bemerkte ich, dass einer der Reifen Luft brauchte, und so hielt ich bei der sprichwörtlich besten Tankstelle der Welt an, wo uns der fraglos beste Tankwart den Reifen mit der zweifellos besten Luft befüllte, die man auf dem gesamten Planeten bekommen kann.

Ich verbrachte das Leben mit der Jagd nach der Leidenschaft. Die Leidenschaft ist diese … diese ganz besondere Emotion, ist der Stoff, der unser Leben lebenswert macht.

Was ich nach und nach lernte: Das Leben nur zu leben, reicht nicht aus. Darauf sollte sich unser Dasein nicht beschränken. Uns allen wurde ein außergewöhnliches Geschenk zuteil: Man hat uns eine bestimmte Zeitspanne auf diesem Planeten gegeben, und wir müssen die Zeit besser nutzen als dafür, lediglich den Vorgartenrasen zu mähen. Vor Jahren verfasste Herb Gardner die wunderbare Komödie *Tausend Clowns*, aus der ein Jason-Robards-Film entstand. Er handelt von einem Bilderstürmer [Person, die Symbole der Macht zerstört], der seinem Neffen das Streben nach Leidenschaft vermitteln will. In einer Szene versucht er, sich gegenüber einer attraktiven

Sozialarbeiterin zu erklären, die glaubt, dass seine Philosophie eine Bedrohung für den Neffen darstellt. Er erklärt: „Ich will ihm den klitzekleinen und subtilen Grund erläutern, warum er als menschliches Wesen und nicht als Stuhl geboren wurde."

Wir müssen uns nach bestimmten Dingen sehnen, müssen ihnen nachjagen, und wenn wir das Glück haben, sie zu erlangen, müssen wir sie genießen – und uns dann erneut auf die Jagd begeben. Ich bin immer ein Mann mit einem großen Enthusiasmus gewesen. Wenn ich etwas finde, das mir gefällt, habe ich das dringende Bedürfnis, es mit all meinen Mitmenschen zu teilen. In Wahrheit weiß ich, dass das Thai-Restaurant nicht das beste der Welt ist, dass die Tankstelle vielleicht nur die zweit- oder drittbeste ist, dass die Luft von dort zwar sehr gut ist, aber natürlich in gleicher Qualität auch woanders gefunden werden kann. Doch das ist mir egal. Ich kann mich über die Tom-Kha-Kokosnusssuppe bei Talésai auf dem Venture Boulevard genauso freuen wie über jede Vorspeise, die ich jemals aß. In diesem Moment trifft das für mich zu, und ich glaube daran.

Ich habe im Laufe meines Lebens Leidenschaften gefunden und geteilt. Viele Menschen machen einen grundlegenden Fehler: Sie setzen Leidenschaft einzig und allein mit Sex oder Liebe gleich. Sie begeben sich auf eine endlose Jagd nach der „leidenschaftlichen Romanze" oder der „leidenschaftlichen Affäre". Sie sehnen sich verzweifelt nach einer tiefgründigen Beziehung zu einem anderen Menschen.

Sicherlich lässt sich Ekstase in einer Beziehung finden, doch es ist eine Schande, sie darauf zu beschränken. Das Leben sollte sich um die Suche nach und die Freude an der Leidenschaft drehen, egal wie zum Teufel man sie definiert. Werden Sie gefragt, wonach Sie im Leben suchen, sollte die Antwort „Leidenschaft" lauten. Laut Definition wird sie als „die stärkste aller Emotionen" beschrieben. Sie ist „ein sehr starkes Gefühl der Begeisterung oder der Erregung", eine „außergewöhnliche Vorliebe, ein Streben oder ein brennendes Verlangen" nach etwas.

Wie ich bereits erklärte, war die Suche nach einer leidenschaftlichen Beziehung mit einer Frau die treibende Kraft meines Lebens. Ich habe sie gefunden, zugegebenermaßen manchmal an den falschen Orten zu den falschen Zeiten. Doch ich durfte mich glücklich schätzen, zahlreiche solcher Begegnungen gehabt zu haben. Einige waren hinsichtlich Zeitdauer und Intensität limitiert, andere hielten länger. Ich empfand dabei die überwältigende Intensität und das faszinierende Gefühl, die Grenzen meiner Emotionen zu erforschen, hatte den Eindruck, dass es nicht mehr besser geht. Das war es. Nach exakt den Gefühlen hatte ich gesucht und dabei den Berggipfel erreicht.

Bis zum nächsten Mal. Der nächste Berg. Ich habe wunderbare Neuigkeiten für Sie: Ich kann Ihnen im Alter von 87 Jahren berichten, dass man dieses Gefühl nie verliert, egal wie leidenschaftlich man auch empfindet. Es gibt kein begrenztes Reservoir an Leidenschaft. Sogar bis zu diesem Tag und sogar bis zum jetzigen Augenblick stehe ich unter dem Bann der physischen und emotionalen Leidenschaft. Man darf das Gefühl nicht „reservieren“, nicht warten, bis der richtige Mensch oder das richtige Thai-Restaurant im Blickfeld auftaucht. Egal wie leidenschaftlich man lebt, die Quelle dieser Emotion ist unerschöpflich und übersprudelnd – doch nur, wenn man lernt, es zu akzeptieren und zu genießen.

Die Leidenschaft lässt sich nicht mit Sex gleichsetzen – obwohl Sex natürlich leidenschaftlich sein kann. Sie spielt eine wichtige Rolle beim partnerschaftlichen Werben um eine attraktive Frau oder einen attraktiven Mann. Es ist die Leidenschaft der „Jagd“. Man kann dem Inhalt des Songs nur zustimmen: *The Things We Do For Love*. In der Regel erhöht die Jagd die Qualität der Leidenschaft, obwohl es manchmal nicht mehr als eine Fantasie ist. Und dieses Gefühl versiegt nie.

Die körperlich empfundene Leidenschaft ist natürlich keine Unbekannte für mich. Doch ich habe diese Emotion auch in vielen anderen Zusammenhängen erlebt und gefühlt. Häufig muss ich an den außergewöhnlichen Christopher Reeve, bekannt geworden als

Superman-Darsteller, denken. Ich hatte ihn kurz vor seinem schweren Unfall getroffen, der ihn zum Tetraplegiker mit Lähmung aller vier Gliedmaßen machte, und ich wusste von der gemeinsamen Liebe zu Pferden. Chris hatte ein Problem: Sein Oberkörper war dermaßen muskulös, dass er unter einer fehlenden Balance litt. Viele Profireiter glauben, dass er aus diesem Grund nicht genügend ausbalanciert auf einem Pferd sitzen konnte, was ein Faktor gewesen sein mag, warum er von dem Tier abgeworfen wurde.

Nach dem Unfall – und wegen der geteilten Pferdeliebe – wollte ich ihm meine Unterstützung anbieten und mein Mitgefühl ausdrücken. Deshalb meldete ich mich zu einem Besuch bei ihm in der Reha-Einrichtung an, die in New Jersey lag. Ich fuhr dorthin, ging durch die Glasschiebetür und sah ihn wartend in einem Rollstuhl sitzen. Er wurde von einem Korsett aufrechtgehalten und hatte einen Beatmungstubus in seinem Mund. Als ich den Raum betrat, überkam mich ein Anflug von Panik, denn plötzlich realisierte ich, dass ich einen Mann besuchte, den ich kaum kannte. Über was in aller Welt sollten wir uns unterhalten? Wie verkrampft und unangenehm würde die Begegnung wohl werden?

Als ich mich ihm näherte, hörte ich zuerst das von einer Batterie angetriebene Beatmungsgerät, welches Sauerstoff in seine Lungen pumpte. Ich fühlte mich plötzlich todunglücklich – dieser gutaussehende, kluge und vor Leben strotzende junge Mann war darauf reduziert, abhängig von einer Maschine zu sein, die für ihn das Atmen übernahm. Einen kurzen Augenblick lang stellte ich mir die Frage, ob ich selbst weiterleben wollte, wenn mir so etwas zustoßen würde?

Luft rein, Luft raus. Ich wusste nicht, was ich machen sollte, fühlte mich völlig verloren. Ich konnte ihm weder die Hand geben noch ein einfaches „Wie geht es dir?" aussprechen. Wo sollte ich nur beginnen? Was sollte ich nur sagen? Chris löste dann das Problem für mich. Seine ersten Worte lauteten: „Erzähl mir etwas über deine Pferde."

Meine Pferde? Na klar! Wir verbrachten den Rest des Besuchs mit Gesprächen über unsere gemeinsame Liebe zu Pferden. Die Behauptung, dass ich die schwierige Situation dabei vergaß, wäre sicherlich nicht richtig, doch sie stellte nicht den Mittelpunkt unserer Unterhaltung dar. Mehr als eine Stunde lang waren wir nur zwei Kerle, die eine Leidenschaft teilten und darüber redeten. Da er mich gefragt hatte, erzählte ich ihm von meinen Tieren, und er antwortete mit Geschichten von Pferden, die er geritten oder geliebt hatte.

Während des Gesprächs wurde mir eins klar: Er zeigte sich hinsichtlich der Tiere so leidenschaftlich, wie er es wahrscheinlich immer gewesen war. Diese Liebe trug dazu bei, ihn am Leben zu erhalten. Er wusste, dass er nie wieder reiten würde, doch er kultivierte die Leidenschaft der „Jagd", der zielgerichteten Gedanken.

Ich pflege einige Leidenschaften, die mich ausfüllen und einen zentralen Aspekt meines Lebens ausmachen. Es ist vollkommen egal, wofür Sie Leidenschaft empfinden, solange sie existiert. Ein Leben ohne Leidenschaft ähnelt einem verblassenden Schwarzweißfilm, dem die vollen und packenden Farben fehlen. Ich begeistere mich – wie auch Chris Reeve – hauptsächlich für Pferde. Dieser Passion nachzugehen, erfüllt mein Leben.

Ich besitze Pferde, reite und züchte sie. Allerdings habe ich nicht die geringste Idee, warum ein Stadtkind so eine starke Leidenschaft für Pferde entwickelt hat. Doch sie ist real. Wenn ich auf dem Rücken eines Pferdes sitze, empfinde ich das Leben als vollkommen. Ich kann nichts Vergleichbares anführen. Im Laufe meines Lebens habe ich mich von einem Mann, der auf einem Pferd sitzt und hofft, nicht abgeworfen zu werden, hin zu einem guten Reiter entwickelt. Gut zu reiten, ist eine Fähigkeit, die eine bestimmte Entwicklung voraussetzt. Ein Pferd ist ein wundervolles Geschöpf, das Emotionen und stärkste physische Reaktionen ohne Intellekt äußert. Pferde reagieren auf das, was um sie herum geschieht. Sie überlegen nicht und filtern keine Informationen – leben nur im Hier und Jetzt. Sie denken nicht daran, dass sie gestern beinahe von einem Löwen erwischt worden wären, und bauen demzufolge keine Angst auf, dass er morgen vielleicht zurückkehrt. Stattdessen scheinen sie eher zu „denken": Ich muss jetzt wachsam sein, denn die Büsche bewegen sich. Ist dort etwas, das mir gefährlich werden könnte?

Für uns ist das eine wunderbare Lektion, und weise Menschen versuchen, sie schon lange zu vermitteln. Wir können die Vergangenheit nicht verändern und wissen nicht, was die Zukunft bringen wird, womit uns nur übrig bleibt, im Moment zu leben. Man kann diesen gedanklichen Schritt machen oder im Stillstand verharren.

Das lehrten mich die Pferde. Doch es ist keine einseitige Beziehung, denn ich vermittle ihnen durch meine Kommandos Sicherheit, signalisiere, dass ich sie beschütze. Mach, was ich dir sage, und du hast nichts zu befürchten. Ein Pferd und ein Reiter, die in Harmonie zusammenwirken, stehen für die wohl außergewöhnlichste Kombination von Stärke und Intellekt. Aus dem Grund ergänzen sich Pferd und Mensch so gut und bilden im Zusammenspiel so ein kraftvolles Team.

Bei der Arbeit mit den Tieren besteht aber auch eine große Gefahr, wie Christopher Reeve auf grausame Art und Weise lernen musste. Man muss sich in jedem Moment bewusst sein, wie stark und mächtig sie sind. Der kleinste Fehler kann sich schon fatal auswirken. Beim Reiten muss man – so wie auch das Pferd – ganz im Augenblick leben. Man darf nicht über etwas nachdenken, das man nicht bekommen hat, oder darüber, was man am nächsten Tag machen möchte, oder sich vor dem Versagen fürchten. Verhält man sich so, ist man erledigt!

Zugegebenermaßen gehört gerade die ständig präsente Gefahr zu den Elementen, die das Reiten so herausfordernd, aber auch lohnenswert machen. Am Anfang muss sich ein Reiter mit der Angst vor dem Herabfallen auseinandersetzen, denn das wird geschehen! Jeder stürzt irgendwann einmal von seinem Pferd. Aber man lernt, mit der Angst umzugehen, und steigt wieder in den Sattel.

Der Tag, an dem man erneut in die Steigbügel tritt, markiert den Übergang vom Laien zum angehenden Reiter.

Das Ziel beim Reiten liegt darin, eine Kommunikationsebene zwischen Pferd und Reiter aufzubauen. Das scheint allerdings etwas außerhalb der Möglichkeiten zu liegen und ist demzufolge recht schwierig umzusetzen. Zwischen Pferd und Reiter gibt es eine Sprache. Mit einem gewissen Grad an Geschicklichkeit arbeiten sie auf ein bestimmtes Ziel hin. Das beginnt mit dem Bestimmen der Hierarchie, denn das Tier muss verstehen, dass der Mensch das „Alphatier" ist, und gehorchen, so wie es auch dem Führer eines Rudels folgt. Pferde werden immer das Vermögen des Reiters herausfordern, diese Rangordnung aufrechtzuhalten. Man muss sie also immer wieder nachdrücklich bekräftigen, doch niemals mit Gewalt und Grausamkeit.

In manchen Filmen hört man einen populären Begriff: Ein Reiter bleibe so lange auf dem Rücken eines sich sträubenden und aufbäumenden Pferdes, bis er es „gebrochen" habe. Das bedeutet, die menschliche Dominanz bis zu dem Punkt durchzusetzen, an dem ein Pferd willenlos und viel zu sanftmütig wird. Doch jeder, der die Tiere wirklich liebt, wird sie niemals „brechen", ihnen den freien Geist rauben wollen. Man sollte stattdessen diesen Geist in eine kompatible Beziehung hineinkanalisieren. Welchen Plan ich die ganzen Jahre über leidenschaftlich verfolgt habe? Ich wollte eine Einheit zwischen mir und dem Pferd entstehen lassen, eine Ebene, auf der wir mit so wenig Druck wie möglich kommunizieren. Ich habe diesen Zustand bei bestimmten Gelegenheiten erreicht, doch es ist leider eine seltene Erfahrung. Es erfordert die Perfektion der Balance, der Berührung, der Erfahrung und darüber hinaus absolutes Vertrauen. Wenn ein Mensch und ein Tier eine solche emotionale Verbindung erlangen, ähnelt das der Bewusstseinsverschmelzung in *Raumschiff Enterprise*. Das Gefühl – wenn wir den Punkt erreicht haben und uns wie *ein* Körper bewegen – ist unbeschreiblich. Nachdem ich das erlebt habe und weiß, dass es möglich ist, will ich es wieder und wieder fühlen. Und so übe ich weiter und weiter.

Die Leidenschaft für Pferde hat mein Leben in mehrerlei Hinsicht verändert. Vor mehr als 30 Jahren hielt ich mich im Reitzentrum von L.A. auf, als ich ein sechsjähriges Mädchen bemerkte, dessen Mutter während der Schwangerschaft Thalidomid genommen hatte [löste den Contergan-Skandal aus]. Das Kind, geboren ohne Hände und mit nur einem Bein, saß rittlings auf einem Pferd. Das Tier wurde von zwei Freiwilligen geführt, die sich an beiden Seiten platziert hatten, damit das Mädchen nicht hinunterfiel. Sie hielt die Zügel mit ihren Zehen, und ich sah ihr unendlich glückliches Lächeln. Es war ein so wunderschöner Anblick, dass ich zu Weinen begann. Ich fragte mich, was hier wohl gemacht wird.

Wie man mir erklärte, arbeitete hier eine Wohltätigkeitsorganisation, die Geld einsetzte, um therapeutisches Reiten zu ermöglichen. Augenblicklich verliebte ich mich in das Kind und die Organisation, denn ich erlebte den Nutzen und die Vorzüge der Aktion hautnah mit. Pferde sind – vielleicht wusste ich das damals schon, es wurde mir aber auf jeden Fall seit dieser Zeit unzählige Male bestätigt – speziell bei Kindern und hilfsbedürftigen Menschen hochsensible Geschöpfe. Einige Tierrassen spüren die Verletzlichkeit anderer Lebewesen und wollen dies ausnutzen, doch Pferde werden sanftmütig. Es ist ein beeindruckender Charakterzug.

Ich entschied unverzüglich, mich bei der Wohltätigkeitsorganisation zu engagieren. Seit damals zählt die Hollywood Charity Horse Show, jahrelang gesponsert von Priceline.com und Wells Fargo, zu einer weiteren Leidenschaft. Wir haben viele Millionen Dollar gesammelt. Beim wichtigsten Event findet eine fünftägige Pferdeshow statt, gefolgt von einer Samstagabendparty, bei der schon Stars wie Brad Paisley, Ben Folds, Lyle Lovett, Willie Nelson, Sheryl Crow, Randy Travis, Vince Gill, Wynonna Judd und Neal McCoy auftraten. Sie alle haben ihre Dienste freiwillig und unentgeltlich angeboten. Aus diesem Event entwickelte sich landesweit eine der größten Pferdeshows dieser Art.

Ich habe das Glück gehabt, Assistenten wie Kathleen Hays an meiner Seite zu wissen, die einen Großteil der Schwerstarbeit leisten und damit die Veranstaltung erst ermöglichen. Meine Frau Elizabeth und ich fiebern der Show jedes Mal monatelang entgegen und erleben sie mit großer Freude und Befriedigung. Das auch mit unserer Hilfe gesammelte Geld hat viele Schicksale verändert. Gehbehinderte Kinder erlebten die Freiheit der Bewegung. Ich sah ein Kind, von dem die Eltern glaubten, es könne nie wieder etwas sagen, und das plötzlich zu sprechen begann. Ich habe Kinder gesehen, die tief in sich selbst zurückgezogen waren und plötzlich durch die Liebe zu einem Tier wieder zum Leben erwachten. Die Show ist zu einem der Grundpfeiler meines Lebens geworden.

Die gemeinsame Liebe zu Pferden brachte mich und Elizabeth zusammen. Wir beide hatten unsere Ehepartner verloren, und so wie ich fand auch sie ihren inneren Frieden bei den Tieren. Und schließlich fanden wir uns.

Darüber hinaus empfinde ich eine Leidenschaft für Motorräder. Ich fühle mich auf einem Bike genauso sicher wie auf einem Pferd und habe viel Zeit unterwegs verbracht. Vor vielen, vielen Jahren, während der Dreharbeiten zu *Raumschiff Enterprise*, fuhr ich jeden Samstag mit dem Motorrad in die Wüste. Allerdings stand in meinem Vertrag eine Klausel, die mir das Motorradfahren und das eigenständige Fliegen verbot. Ich machte natürlich beides, wohl wissend, dass der Vertrag die letzte meiner Sorgen wäre, würde etwas schiefgehen. Wir fuhren auf Hügel hinauf und folgten ausgefahrenen Wegen – in der Hitze des Tages, in der Kühle der Nacht und in der Dunkelheit des frühen Morgens. Ich bin durch Schneestürme im Winter gefahren und durch die Wüste in der Sommerhitze. Oft setzte ich mich aufs Bike und fuhr an einem Tag nach Santa Barbara und zurück, eine Strecke von 300 Meilen. Einmal, ich hing etwas hinter der Gruppe, mit der ich unterwegs war, knallte ich in eine Vertiefung, die möglicherweise schon vor einem Jahrhundert von einem Schatzsucher auf der Suche nach Mineralien gebuddelt worden war. Es folgte ein böser Sturz. Als ich das Bike wieder aufgerichtet hatte, sah ich nur noch die Staubfahne der anderen. Zu allem Überfluss ließ sich die Maschine nicht mehr starten. Ich war gestrandet – in der flirrenden Hitze der Wüste, in voller Ledermontur, und ich trug einen Helm. Mir boten sich nur zwei Alternativen: Entweder ließ ich die Montur an und riskierte einen Hitzschlag, oder ich zog sie aus, was unabwendbar einen Sonnenbrand zur Folge gehabt hätte.

Aus einem Grund, den ich niemals verstehen werde, entschied ich mich dazu, das Bike aus der Wüste zu schieben! Ich schob die

Maschine mit aller Kraft Hügel auf und ab, wobei der Schweiß in Strömen an mir herunterlief. Nach einer längeren Zeit sah ich einen Mann auf dem nächstgelegenen Hügel, der mir mit seinen Armen das Zeichen gab, zu ihm zu kommen. Als ich den Instruktionen folgte, stieß ich auf eine steile, abwärtsführende Straße. Ich setzte mich aufs Bike und ließ mich runterrollen – direkt auf eine Tankstelle zu. Niemand hatte den Mann gesehen oder wusste, wer er möglicherweise gewesen war. Tja, bei meinem *Raumschiff Enterprise*-Hintergrund entschied ich mich zu der Annahme, ein Alien habe mein Leben gerettet.

So lautete meine Erklärung, von der ich mich nicht abbringen ließ. Das zog beachtliches öffentliches Interesse nach sich, was niemals schlecht für einen Schauspieler ist, der den Captain eines Raumschiffs spielt. Doch sogar dieser Unfall brachte mich nicht vom Motorradfahren ab. Auf einem Bike oder einem Pferd zu sitzen, zeichnet sich durch eine Gemeinsamkeit aus: Beides erfordert höchste Konzentration. Egal, ob man auf einer Maschine oder einem Pferd hockt, man bewegt sich immer am Rande der Gefahr.

Während ich älter wurde, haben viele Menschen mir nett, aber bestimmt nahegelegt, vielleicht doch darüber nachzudenken, meine Hobbys etwas zurückzuschrauben. Sie versuchten, mir das durch subtile Hinweise klarzumachen. Es sei doch so gefährlich, warnten sie mich. Ich könne mich verletzen. „Ich weiß", lautete meine Antwort. „Das ist auch der Grund, warum ich es so sehr liebe." Ab dem Moment, an dem ich auf ein Bike steige, treibt mich die Furcht und eine leichte Ängstlichkeit an – bis zum Augenblick, wenn ich absteige. Gefahr, Furcht, Angst – das sind die unmittelbarsten Quellen meiner Leidenschaften. Ohne sie würde ich mein Leben nicht mehr genießen können.

Im Frühjahr 2013 gab ich eine Autogrammstunde in Downers Grove, Illinois. Dort trat ein Mann mit einem Rauschebart an mich heran, der so aussah, als käme er aus den tiefsten Wäldern Tennessees. Er sagte: „Ich weiß, dass Sie Motorräder lieben, und wir möchten Ihnen ein Bike bauen." Der Mann wollte mir eine Maschine bauen – wie hätte ich da Nein sagen können? Wir unterhielten uns ungefähr 20 Minuten lang. Er hieß Dylan Moller und war Abteilungsleiter für Innovationen bei einer Firma namens American Wrench. Wie ich erfuhr, designte und baute American Wrench Custom-Bikes. Er gab mir seine Kontaktdaten, und da es sich um ein ernstzunehmendes Angebot handelte, sah ich keinen Grund, es abzulehnen. Ich habe in meinem Leben verschiedenste Maschinen besessen und bin unterschiedlichste Motorräder gefahren, aber noch niemand hatte mir so ein Angebot unterbreitet.

Zufälligerweise rief mich kurz danach Douwe Blumberg an, ein grandioser Bildhauer im Bereich der Bronzeskulptur, von dem ich schon einige Stücke erworben hatte. Er erzählte mir von seinen Plänen, ein Motorrad in Originalgröße zu kreieren. Er wollte das im Art-Deco-Stil machen und nach oben springende Pferde an der Vorderseite anbringen. Beabsichtigt war, dafür den Rahmen einer Harley zu nehmen. „Douwe", schwärmte ich, „das haut mich um. Du wirst es nicht glauben, aber vor zwei Wochen hat ein Typ angeboten, mir eine Maschine zu bauen. Warum treffen wir uns nicht zu dritt und reden darüber?"

Douwe Blumberg und ich trafen uns daraufhin mit Brian und Kevin Sirotek, den Besitzern von American Wrench, in Lexington, Kentucky. Wir setzten uns an einen Tisch und diskutierten über das Design, wobei sich alle ereiferten. Ja, aus der Idee wurde Realität. Wenige Wochen später entschied sich Douwe, auszusteigen und allein zu arbeiten. Doch die Sirotek-Brüder faszinierte die Herausforderung, ein eigentlich unmögliches Bike zu fertigen, eine exotische Maschine, die keiner anderen glich. Und auch ich war natürlich voll und ganz bei der Sache.

Sie entschieden, mir einen „Bock zu schrauben", angetrieben von einem 500-PS-Cadillac-Motor. Für mich klang das gut. Ich spürte die zunehmende Leidenschaft: 500 PS! Da wir uns noch im Planungsstadium befanden, erklärte ich ihnen meine Vorstellungen, denn ich wollte ein Bike mit drei Rädern und Überdachung, um es bei jedem Wetter zu fahren. Zudem wünschte ich mir einen Soziussitz wie auch Stauraum, um Gepäck und Vorräte zu lagern.

Das Design-Konzept mit dem Namen Rivet war überwältigend. Die Brüder bezeichneten es als einen „Landjet". Sie schrieben, dass ihre Absicht darin liege, „nicht nur die Aufmerksamkeit auf den Fahrer und das Vehikel zu lenken, sondern auf die Kunst und das Handwerk handgefertigter Maschinen, produziert in der Absicht, die amerikanischen Routen lebendig zu halten … und jeden, der [das Bike] sieht, steuert oder erlebt, ‚wegzublasen'".

Ich konnte es nicht erwarten, endlich auf die Maschine zu steigen und loszufahren. Das Konzept begeisterte mich so sehr, dass ich vorschlug: „Ich habe eine tolle Idee. Lasst uns das Bike von Chicago nach Los Angeles kutschieren. Das sind 2400 Meilen. Wir machen es in einer Sommerwoche und haben unseren Spaß. Das muss gut werden."

Die beiden teilten meinen Enthusiasmus. „Wir sind dabei und werden noch ein paar andere zusammentrommeln. Das wird ein richtiges Abenteuer."

Okay. Großartig. Da ich niemand bin, der eine Chance verstreichen lässt, schlug ich vor, die American Legion mit ins Boot zu holen, um Spenden für die College-Ausbildung gefallener Helden zu sammeln. Der Verband versuchte zu dem Zeitpunkt, 20 Millionen Dollar aufzutreiben. Sicherlich würden wir noch nicht mal annähernd an den Betrag herankommen, aber zumindest einige tausend Dollar einsammeln können und vor allem für aufsehenerregende Publicity sorgen. Das Konzept begann sich zu entwickeln und wurde immer größer. Alles vervielfachte sich. Das glich einer Show. Wir kletterten – im übertragenen Sinne – auf einen Berggipfel und sprangen herunter. Natürlich würde ich keinen Berg erklimmen und schon gar nicht springen, doch wir steckten in einer Fantasiewelt und fügten Detail um Detail hinzu.

Laut Plan wollten wir die fantastische Maschine, die nach dem Design auf der grandiosen B-17 basierte, durch das halbe Land fahren, begleitet von mindestens 30 Bikern, darunter Vietnam- und Afghanistan-Veteranen. Auf dem Weg sollten bei Außenstellen der American Legion Veranstaltungen stattfinden, um Tausende Dollars zu sammeln.

Und dann überbrachte ich Elizabeth die Nachricht, die mich liebenswert anschaute und mit „süßholzraspelnder“ Stimme zischte: „Du hast sie doch wohl nicht alle! Du bist über 80 und willst mit einem Motorrad im Sommer durch die Wüste fahren?“

Ich konnte meine Begeisterung kaum zurückhalten: „Und du wirst mit mir fahren!“, jubelte ich. „Du wirst auf dem Sozius Platz nehmen.“

Darauf antwortet sie – vielleicht nicht mehr so nett und süß: „Ich werde mich doch nicht hinten auf ein Motorrad setzen!“

„Ach ja, natürlich nicht“, gab ich nach. „Uns wird ein Bus begleiten. Du kannst da mitfahren. Das wird ein toller Spaß.“

Liz und ich hatten anscheinend unterschiedliche Definitionen von Spaß, doch das störte mich nicht, denn nun flammte meine Leidenschaft lichterloh auf.

Pläne wurden geschmiedet, und wir legten uns einen Terminplan zurecht. Es sollte so ein großer Event werden, dass er unbedingt aufgezeichnet werden musste. Ich entschied mich zur Produktion einer Doku mit dem Titel: *The Ride*. Sie sollte die aufregende Geschichte einer Gruppe wild entschlossener Männer erzählen, die auf wunderschönen Bikes durch die USA fahren, um Geld für den Stiftungsfonds der Legion zu sammeln. Ich buchte eine Filmcrew, die uns begleiten sollte, und eine Promotionagentur, die für die Publicity verantwortlich zeichnete. Jeder Fahrer bekam eine GoPro-Actionkamera. Zusätzlich standen uns noch drei weitere Kameras zur Verfügung, ein Kameratruck, ein Bus für die Leute von der Produktion und ein Mechaniker für den Fall einer Panne. Dann packten wir Nahrungsmittel und Getränke für alle ein. Das würde eine ganz große Produktion werden.

Schließlich war die Zeit zum Aufbruch gekommen. Ich hatte das Bike noch nie gesehen, jedoch Skizzen, wie es aussehen würde. Doch man hatte mir regelmäßig versichert, dass es wunderschön und rechtzeitig fertig werde. 500 Pferdestärken. *Brummmmmm! Brummmmmm!* Ich spürte förmlich diese Kraft.

Auf dem Weg nach Chicago – wo wir das Bike abholen und die Tour starten wollten – verbrachten wir eine ganze Woche mit Öffentlichkeitsarbeit. Auf unserem Terminplan war der Montag als Abreisetag vermerkt. Am Sonntagabend begann es zu regnen. Tornados wüteten in der Gegend. Die heftigen Wirbelstürme werden oft als schlechtes Omen gedeutet, aber der Wetterbericht für Montag klang vielversprechend. Der Sturm zog nach Osten ab, und der Tag sollte sonnig und wolkenlos sein. Unglücklicherweise war der erste Stopp in St. Louis geplant, und St. Louis stand unter Wasser.

Egal. Wir wollten dorthin. Wenn man seine Leidenschaft auslebt, ist kein Platz für die nackte Realität, die sich einem in den Weg stellen könnte. Ich war bereit. Das Filmteam war bereit. Sogar Liz war bereit. Nur noch eins fehlte.

Das Bike.

Ich hatte ein Lagerhaus angemietet, um dort die Eröffnungsszene der Doku abzukurbeln. Die Aufnahmen waren für den Sonntagnachmittag geplant. Das Bike, mein (!) Bike, diese wunderbare Verschmelzung technologischer und künstlerischer Handwerkskunst, sollte im Fokus stehen – in dem dunklen Lagerhaus, in dem zwei Strahler dessen Umrisse erleuchten würden. Ich beabsichtigte, im selben Fokus aufgenommen zu werden, während das Motorrad langsam aus der Dunkelheit auftauchte und größer würde. Ich sah es vor meinem geistigen Auge, hatte alles geplant: das Lagerhaus, die Abdimm-Strahler und die Kameras. Die Crew war bereit, ich war bereit. Das Einzige, was immer noch fehlte, war das Bike!

Man erklärte mir, es sei noch nicht ganz fertig. Aber keine Sorge, es handle sich um die großartigste Maschine, die jemals gebaut worden sei, und sie werde Montagmorgen fahrbereit sein.

Okay, Planänderung. Das ist auf einem Filmset nichts Ungewöhnliches. Wir legten den Termin also auf Montagmorgen sechs Uhr in der Werkstatt fest, die zehn Meilen von Aurora, Illinois, entfernt lag. Das stellte ein Problem dar. Ich musste die Eröffnungssequenz vor der Pressekonferenz mit zahlreichen Medienvertretern um neun Uhr im Kasten haben. Das würde knapp werden, aber ich beruhigte mich mit dem Gedanken, ein waschechter Profi zu sein, der das locker hinbekommt.

Ich ging also schon um fünf Uhr zur Werkstatt, wo man das Motorrad zusammenbaute. Es war umwerfend schön, ein fantastisches Stück höchster Schrauberkunst. Doch es fehlte eine Überdachung. „Und was ist, wenn es regnet?", wollte ich wissen. „Dann werden wir nass", lautete die Antwort. Okay. Ich willigte ein. Meine Güte, man musste sich nur mal das wunderschöne Schätzchen ansehen. Mal ganz davon abgesehen, war ich auch schon oft im Regen gefahren. Es gibt allerdings kaum etwas Unangenehmeres, als mit durchnässter Ledermontur mit 40 oder 50 Meilen auf dem Freeway zu kutschieren. Schon nach einigen Meilen setzt die Unterkühlung ein. Aber ich würde das schon schaffen, wenn ich es musste. Vielleicht kühlte in dem Moment jedoch meine Leidenschaft ein wenig ab.

Und ich entdeckte keinen Sozius. „Keine Sorge", beruhigten sie mich. Sie würden schon noch einen Sitz anfertigen.

Die Liste all der Dinge, über die ich mir angeblich keine Sorgen machen musste, wurde immer länger. Man hatte schon seine Schwierigkeiten, das alles zu behalten. Dann starteten sie den Motor. Den 500-PS-Motor. Die ganze Werkstatt erbebte. Beeindruckend. Wen kümmerte es da schon, eventuell ein wenig nass zu werden? „Sie ist fast fertig", erklärte man mir. „Wir müssen noch ein bisschen an der Feinabstimmung arbeiten."

Ich ging raus und verharrte vor der Werkstatt. Den Großteil der Arbeit hatten ein Vater und sein Sohn vollbracht. Der Sohn, ungefähr 25 Jahre alt, stand neben mir. Er schaute mich an und begann zu weinen. „Warum weinst du?", fragte ich.

„Sir, ich weiß es nicht", antwortete er.

„Bist du froh darüber, dass die Arbeit beendet ist?", wollte ich wissen. Oder bezog sich das Weinen womöglich auf mich?

„Yeah", stimmte er zu. Ich schätze mal, dass es Freudentränen waren.

Man darf nicht ständig das Schlimmste vermuten.

Vor der Fassade des etwas entfernt liegenden American Wrench hatten wir ein großes Zelt aufbauen lassen. Die Medienleute sollten um neun Uhr erscheinen. Die Resonanz war überwältigend gewesen, denn es handelte sich hier um eine tolle Story: Ich als alter Knacker machte mich zur längsten Motorrad-Reise meines Lebens auf und würde 2400 Meilen auf dem großartigsten Bike fahren, das man jemals gebaut hatte. Wir würden Tausende Dollar sammeln, um Kids aufs College zu schicken. Und wir drehten eine Doku, die sogar noch mehr Geld für die Studienstiftung einspielen würde.

Das Bike wurde zuerst im Zelt versteckt. Waren die Medienvertretern dann angekommen, sollte die große Enthüllung stattfinden. In meiner Vorstellung hörte ich schon all die „Ohs" und „Ahs" der Zuschauer, wenn sie die Maschine sahen.

Um sechs Uhr standen wir also vor American Wrench, bereit, die wunderbare Einstellung zu filmen, die ich mir ausgemalt hatte. Wir brauchten nur noch das Bike. „Sie kommen gerade aus der Werkstatt", meinte Kevin. „Sie sind auf dem Weg." Um sieben Uhr vertröstete mich Kevin: „Da hat es eine kurze Verzögerung gegeben. Sie wird erst um acht Uhr hier sein." Panik? Nein, ich werde niemals panisch. Wir werden das schon schaffen, dachte ich. Ich werde das schon hinbiegen.

Um neun Uhr standen wir 150 Leuten gegenüber, die vor einem leeren Zelt warteten. „Bedient euch am Büfett", schlug ich vor. „Das Bike ist auf dem Weg."

Es kam dann schließlich um elf Uhr an. Sie schoben es vom Truck und zur Rückseite des Zelts hinein. Ich entschuldigte mich bei allen für die Verspätung, dann zogen wir die Zeltplane zur Seite, und da war sie: die Rivet!

Und sie sah in jeder Hinsicht so schön aus wie versprochen, ein futuristisches Vehikel irgendwo zwischen *Mad Max* und *Star Wars*.

Ich saß wenig später zum ersten Mal im Cockpit. Die Maschine verfügte über ein innovatives Steuerungssystem, das einige Übung erforderte. Man hatte die diversen Funktionsschalter mit einem Marker gekennzeichnet. Ich fand den Anlasser und startete das Bike: Wow! Die Kraft des Motors schien durch mich hindurchzuströmen. Ich hatte so etwas bislang noch nie gefühlt und ließ das einige Sekunden auf mich einwirken. Es entsprach der Erfüllung der kühnsten Fantasien eines Bikers.

Nun war ich bereit dafür, vom Podium zu fahren. Ich legte den Gang ein – und das Bike bewegte sich nicht. Der Motor schnurrte und schnurrte vor sich hin. Doch die Maschine bewegte sich immer noch nicht. Plötzlich – ganz langsam – rollte sie die Rampe hinunter. Kevin stand neben mir und schrie: „Stopp, Bill! Halt das Bike an!" Mein Gespür für ein anstehendes Drama überkam mich, und ich ließ die Maschine noch einige Meter rollen, bevor ich die Bremsen betätigte.

Nun saß ich also vor 150 Reportern und Kameraleuten – bereit dazu, mich auf eine Reise von 2400 Meilen zu machen –, auf einem Bike, das nicht funktionierte. Ich sagte: „Tja, das ist es mal bis zum nächsten Anlauf."

Wir gingen ins Büro, um uns über andere Möglichkeiten klarzuwerden. Brian und Kevin waren am Boden zerstört. Die Repräsentanten der American Legion waren am Boden zerstört. Und ich? Ich war auch am Boden zerstört. Was sollten wir bloß tun? „Ich habe mich zum Idioten gemacht", kommentierte ich. „Ich habe die Tour groß angekündigt, und nun lässt sich weder ein Gang einlegen, noch kann man das Ding vernünftig steuern." Dann hatte ich eine Idee! „Wie wäre es, wenn wir für mich ein Bike mieten?" Ein anderer machte einen weiteren Vorschlag. „Wir können die Maschine [die Rivet] mittransportieren." Nun überlegten wir genauer, wie man den Trip retten konnte: Man würde also ein Bike für mich mieten, die Rivet auf einen Truck laden und bei jedem geplanten Aufenthalt ausstellen. Ganz nebenbei sollte sie repariert werden.

Wir mieteten also eine dreirädrige Maschine von Harley und luden die Rivet auf die Ladefläche des Trucks. Einige Leute nahmen im Bus Platz, und Liz setzte sich sogar hinter mich auf die Maschine. Dann ging es Richtung St. Louis.

Als wir die Stadt erreichten, war die Flut zurückgegangen, und die Sonne schien. Es wurde ein glorreicher Tag. Vielleicht fuhr ich nicht das beste Motorrad aller Zeiten, doch das Gefühl, an der Tour teilzunehmen, war immer noch fantastisch. Wir fuhren die 2400 Meilen und halfen der American Legion beim Erreichen ihres finanziellen Ziels.

Auf der Route erlebte ich Augenblicke totaler Erfüllung. Mich überwältigten die sinnlichen Eindrücke: der Wind in meinem Gesicht, der Geruch der Straße und die Geräusche der entgegenkommenden Autos und Trucks. Wir fuhren durch Städte und über Bergpässe, endlose Meilen durch Felder und durch die Wüste. Einige Fahrer hatten gesundheitliche Probleme, doch mir ging es gut, ausgenommen der Tag, an dem ich in einer Motorradwerkstatt in Las Vegas aufgrund der Hitze in Ohnmacht fiel.

Mein eigentliches Bike funktionierte jedoch nie. Bei jedem Aufenthalt rollten wir die Maschine vom Truck und präsentierten sie. In vielerlei Hinsicht hätte es auch eine Douwe-Blumberg-Skulptur sein können – es war wunderschön und stand auch so da. Die Leute gingen darum herum und bewunderten das Bike. nach dieser Parade schoben wir es wieder auf den Truck und fuhren zum nächsten Stopp.

Die Doku schlummert noch im Schneideraum.

Trotz all der Widrigkeiten kam meine Passion für die Tour jedoch nie ins Wanken. Ich nahm die Herausforderungen mit Leidenschaft an, begeisterte mich für die Chance, eine ganze Woche auf dem Motorrad zu verbringen, und für das Sammeln der Spendengelder, um den Kids einen College-Besuch zu ermöglichen.

Allerdings treibt mich die Leidenschaft für die Leidenschaft am allermeisten an. All diesen Passionen nachzugehen, beeinflusste jeden Aspekt meines Lebens. Das hat sich nie geändert, wurde niemals in Frage gestellt. Und ich bin immer noch auf der Suche nach der perfekten Frikadelle.

Wenn ich auf meine achteinhalb Jahrzehnte zurückblicke, habe ich erfahren, dass es durchaus möglich ist, die Leidenschaft aufrechtzuerhalten. Schauen Sie sich nur Sir Edmund Hillary an, dessen Leidenschaft darin bestand, den höchsten Berg der Welt zu besteigen. Er wurde so lange von dieser Idee umgetrieben, bis er endlich den Gipfel erreichte. Als er auf die Spitze des höchsten Berges der Welt gelangte, hätte er sich umsehen und sich die Frage stellen können: Und nun? Was mache ich nun?

Das tat er aber nicht. Stattdessen sah er andere Gipfel, die erklommen werden wollten, Berge, die für ihn andere Herausforderungen boten.

Ihre Leidenschaften zu entdecken und sie zu verfolgen, ist ein Beginn – und wenn Sie wie ich Glück haben, ein Beginn ohne Ende.

4.
Ein Plädoyer für Gefühle

Der einst berühmte Anwalt Denny Crane plauderte einmal mit seiner liebenswerten Partnerin Shirley Schmidt in der TV-Anwaltskanzlei Crane, Poole & Schmidt. Als Antwort auf eine Frage von ihr antwortete er nachdenklich: „Richter Brown."

Daraufhin sagte Shirley: „Bitte noch mal."

Denny seufzte: „Ich mag es nicht, wenn du das sagst, Shirley. Das setzt mich so unter Druck."

Denny Crane war die Rolle, die ich in der TV-Serie *Boston Legal* spielte, während Candice Bergen Shirley Schmidt verkörperte. Welch wunderbare Charaktere David E. Kelley erschaffen hatte! Doch zu Beginn war das eine Rolle, die ich nicht annehmen wollte. Ich hatte bereits bei einer Reihe von Projekten zugesagt, die die leeren Seiten des Terminkalenders mehr als nur ausfüllten. Ich erklärte meinem Agenten deshalb, zu beschäftigt zu sein und keine Zeit für eine weitere Serie zu haben. Ein so langfristiges Engagement lag überhaupt nicht in meiner Absicht.

Doch der Agent erklärte mir nachdrücklich: „Ich weiß, dass du es nicht machen willst, und darum will ich dich nicht drängen. Triff dich aber doch bitte mal mit David Kelley. Ich kenne da das beste Thai-Restaurant der Welt."

Okay, der Teil mit dem Thai-Restaurant stimmt nicht, aber der Rest entspricht der Wahrheit. Ich bekräftigte meine Einstellung, nicht noch für eine weitere Serie zu unterschreiben, doch stimmte einem Essen zu. Beim Lunch beschrieb mir David den für mich kreierten Charakter. Er erzählte mir von Denny Crane, einem der ehemals bedeutendsten Rechtsanwälte des Landes, der krankheitsbedingt langsam seinen Kontakt zur Realität verliere – doch dessen Selbstvertrauen und Ego intakt geblieben seien. Was mich jedoch am meisten faszinierte: Während seiner zunehmenden Demenz verliert er alle Hemmungen und vorgetäuschten Anstandsmuster. Er steht in direktem Kontakt zu seinen Gefühlen. Im Unterschied zu anderen Menschen ist er in der Lage, seine Emotionen unmittelbar auszudrücken und ihnen zu folgen.

Das interessierte mich. Die Fähigkeit, die gesamte Bandbreite an Emotionen zu erleben – von der Ekstase bis hin zur Trauer – ist der Unterschied zwischen einem Leben im Schatten und einem im hellsten Sonnenlicht.

Ich stimmte zu, bei der Serie eine Staffel lang mitzuspielen. Doch ich genoss dann die Rolle von Denny Crane so sehr, dass ich sie für die kompletten Aufnahmen übernahm.

Nicht nur erlebte Denny Crane seine Gefühle ungefiltert, sondern er sandte das, was er fühlte, auch aus. Er zwang andere Menschen, sich damit auseinanderzusetzen. Crane war laut, aufgeblasen, klug und liebenswert, aber er lebte sein Leben und scherte sich um nichts. Ich habe Menschen erlebt, die sich von ihren wahren Emotionen abgekapselt haben. Auch ich tat das. Niemand will emotionalen Schmerzen erleben. Die eben angesprochenen Menschen verbringen ihr Dasein in der stabilen Mitte und erlauben sich niemals den freien Ausdruck der Gefühle. Das ist bestimmt sicherer. Jedoch wurde mir einst eine wichtige Lektion erteilt – je intensiver man etwas spürt, desto eher ist man in der Lage, vollumfänglich zu fühlen. Mit anderen Worten: Niemand freut sich über das Gefühl des Schmerzes oder des Verlusts, doch wenn man das zulässt, öffnet man sich gleichzeitig auch dafür, das Glück, die Freude und all die anderen Emotionen auf dieser Skala intensiv wahrzunehmen.

Wir alle wurden mit einem Zugang zu einem fantastischen Kaleidoskop von Emotionen geboren, doch viele – und das meist schon irgendwann recht früh im Leben – haben das Vermögen verloren, Gefühle intensiv wahrzunehmen. Die Gründe dafür sind kompliziert, aber der Schaden ist real und eindeutig.

Einer der bedeutendsten je gedrehten Horrorfilme ist die Originalversion von *Die Dämonischen* [im Original *Invasion Of The Body Snatchers*]. Die Monster in dem Streifen waren Aliens, die Duplikate von Menschen herstellen konnten, die den Vorbildern bis auf eine Ausnahme glichen: Sie erlebten keine Gefühle. Oder wie eine der Figuren erklärte: „Da sind keine Emotionen. Gar keine. Nur deren Vortäuschung. Die Worte, die Gesten, der Klang der Stimme, das alles ist da, aber nicht das Gefühl." Becky, eine der Stadtbewohnerinnen, wird der Bedrohung gewahr und lehnt sich dagegen auf: „Ich will nicht in einer Welt ohne Liebe, Trauer oder Schönheit leben, eher würde ich sterben." Doch Becky schläft ein und ermöglicht so den Aliens den Austausch durch ein emotionsloses Duplikat. Die Hülle sieht exakt wie sie aus, redet und verhält sich identisch. Ihr Freund Dr. Miles J. Bennell ist sich zuerst des Austauschs nicht bewusst. Dann erklärt er: „Ich habe schon oft im Leben Furcht gespürt. Doch erst als ich Becky küsste, erkannte ich die wahre Bedeutung von Angst."

Es ist durchaus möglich, dass ein Schauspieler – mehr als jeder andere – den emotionalen Kontext des Lebens versteht. Ich wurde oftmals gefragt, ob ich als Schauspieler die Emotionen meines Charakters tatsächlich wahrnehmen würde oder ob ich einfach die dazu erforderlichen Signale replizierte. 1961 spielte ich die Hauptrolle in dem Roger-Corman-Film *Weißer Terror* [1962 veröffentlicht]. Ich verkörperte einen bekennenden Rassisten, der in eine kleine Stadt im Süden gekommen ist, um einen gewaltsamen Aufstand gegen die erzwungene Integration anzuzetteln. Es war eine schwierige Geschichte, erzählt in einer bewegten Zeit in unserer nationalen Historie, aber eindeutig lohnenswert. Wir drehten in einem kleinen Städtchen, tatsächlich im tiefen Süden gelegen. Die Stadt wollte uns natürlich nicht haben – zum Dreh eines Streifens über Rassismus und angrenzende Themen! Den Bewohnern ging das zu nahe, es war ihnen zu real. Ihre kollektiven Emotionen wurden überdeutlich zur Schau gestellt. Die Situation entpuppte sich als dermaßen angespannt, dass die lokalen Polizeibeamten uns zum Aushecken eines Fluchtplans rieten, sollte die Lage eskalieren. Mein Szenario sah vor, dass ich aus dem Badezimmerfenster des Hotels steigen und dann blitzschnell in das dahinterliegende Getreidefeld rennen würde.

Die vorletzte Szene spielte vor dem lokalen Gerichtsgebäude, wo ich die Stadtbewohner zu überzeugen versuchte, sich gegen die Einmischung der Regierung zu wehren und die Andersfarbigen dafür bezahlen zu lassen. Ich hielt eine lange Rede, die damit endete, dass ich die Menschen dazu drängte, die schwarzen Rädelsführer zu lynchen. Es war eine hasserfüllte und boshafte Tirade, bei der ich den Hass förmlich herausspuckte.

Corman ließ es nicht zu, dass die Ortsansässigen das Drehbuch in die Hände bekamen, was eine weise Entscheidung war. Doch wir benötigten für die Szene eine große Menschenansammlung, weshalb wir Bewohner für ein Essen und ein wenig Spaß als Statisten einluden. Sie sollte laut Drehplan Freitagnacht auf einem Platz im Stadtzentrum abgekurbelt werden. Uns stand glücklicherweise nur ein minimales Budget zur Verfügung, und so drehten wir von Montag bis Donnerstag rund um die Uhr. Am Freitag hatte ich die Stimme verloren. Mit größter Anstrengung brachte ich lediglich ein geflüstertes Krächzen hervor, und es gab keine Möglichkeit, die Hassrede zu halten.

Roger Corman hatte schnell eine Lösung parat. Er nahm die Menge über meine Schulter hinweg auf – während ich so gut wie gar nichts sagte – und gab den Menschen ein Zeichen, wenn sie jubeln sollten. Er erklärte den Stadtbewohnern: „Bill hat seine Stimme verloren. Darum habe ich ihn gebeten, bei dieser Aufnahme nicht zu sprechen." Wir drehten vier Stunden lang ohne das kleinste Problem. Nachdem sich die Menschenmenge aufgelöst hatte, gelang es mir endlich, die Rede zu halten. Zu dem Zeitpunkt hielten sich nur noch wenige Leute dort auf.

Für mich war das keine leichte Ansprache, da meine persönlichen Ansichten denen der Figur, die ich spielte, genau entgegenstanden. Hätte ich diesen Typen im richtigen Leben getroffen, hätte ich nichts mit ihm zu tun haben wollen. Und dennoch musste ich die Worte auf eine überzeugende Art und Weise sprechen, musste in diesen Minuten die Emotionen fühlen. Man forderte von mir, eine „emotionale Verkleidung“ vorzunehmen, ein Mann zu werden, der einen anderen aufhängen will. Als ich mit dem Text begann, spürte ich tatsächlich seinen Hass und sein Gefühl der Hilflosigkeit. Diese Emotionen bauten sich in mir auf, und als ich die Rede hielt, war ich zornerfüllt. Ich weiß nicht, woher das Gefühl kam, denn es hatte sicherlich nichts mit der Szene zu tun, doch ich war in der Lage, die Worte des Drehbuchautors mit Hass und Frustration aufzuladen.

Der Herausgeber der Lokalzeitung gehörte zu den Zuschauern, die bis zum Ende geblieben waren. Als Roger und ich am folgenden Morgen über den Platz schlenderten, hielt er uns an. „Ihr seid wirklich clevere Leute“, lobte er uns. Roger und ich schauten uns an, da wir uns die Finte ja ausgedacht hatten, aber was hatten wir nur gemacht, dass er darauf aufmerksam geworden war? Was hatte ihn darauf gestoßen? Wie er uns dann erklärte, war 15 Jahre zuvor ein Schwarzer exakt auf diesem Platz gelyncht worden. Einige der Leute aus der Menge hatten das zu der Zeit tatsächlich miterlebt – und es ist völlig unvorstellbar, was wohl alles hätte passieren können, wenn sie tatsächlich den Text, den ich sprach, gehört hätten. So wie wir die Szene aufgenommen hatten, stellten sich mögliche Probleme aber erst gar nicht ein. Und darum handelten wir seiner Ansicht nach klug.

Während der kurzen Zeit meines Auftritts waren die Emotionen und der Hass real für mich, doch ich entwickelte mich als Mensch niemals so wie der Charakter, den ich darstellte. Dennoch schwelte die Intensität der Szene noch einige Tage in mir. Die Gefühle hatten mich zutiefst aufgewühlt, und ich benötigte einige Zeit, um runterzukommen, um wieder normal zu werden.

Die Darstellung von Emotionen war auch ein zentrales Thema bei *Raumschiff Enterprise*. Was Leonard Nimoys Charakter – den Vulkanier Mr. Spock – so einzigartig machte, war das nüchterne und rein logisch ausgerichtete Element, denn seine Rasse hatte Gefühle aus ihrem Leben verbannt. In einer der Folgen erklärt der von DeForest Kelley gespielte Dr. McCoy Mr. Spock die Grundlage des menschlichen Lebens: „Das Ausleben von Gefühlen, Mr. Spock, hält uns gesund – genau gesagt emotional gesund."

Daraufhin antwortet Spock: „Das mag sein, Doktor. Trotzdem ist mir aufgefallen, dass das gesunde Ausleben von Emotionen regelmäßig sehr ungesund für in der Nähe befindliche Personen ist."

Einige Jahre später unterhielten sich Leonard Nimoy und ich über die Zusammenarbeit bei *Raumschiff Enterprise*. Während der Dreharbeiten hatte Leonard einen distanzierten und „abgehobenen" Eindruck vermittelt. Ich meinte: „Am Set warst du nicht unbedingt ein Ausbund an Freude." Er erklärte, dass er es für notwendig gehalten habe, den ganzen Tag über in seiner Rolle zu verharren. Das verblüffte mich: „Du hast täglich zwölf Stunden damit verbracht, Mr. Spock zu sein?"

Ja, das traf zu. Leonard gab Schauspielunterricht und wusste somit, was für ihn am besten funktionierte. Es mag ironisch anmuten, aber er musste die komplette Zeit aufwenden und seine ganze Gefühlswelt einsetzen, um eine Rolle zu spielen, die Emotionen unterdrückte.

Meine Arbeit erforderte das Verständnis der ganzen emotionalen Bandbreite, obwohl ich mich manchmal nicht von anderen unterschied, die ihre Gefühle in der Öffentlichkeit kontrollieren. Das nämlich bringt man uns bei, denn die Mitmenschen möchten sicherlich nicht ständig auf Gefühlsausbrüche reagieren müssen. Wir lernen die Lektion und unterdrücken Emotionen, aber lassen ihnen in einem sicheren Umfeld partiell freien Lauf. Je häufiger man sich aber den Zugang zu seinen wahren Gefühlen erlaubt, desto reicher wird das Leben – und das ist eine durchaus realistische Anmerkung. Ich brauchte lange Zeit, um das zu verstehen und zu akzeptieren.

Viele der Schauspieler, die ich heute beobachte, drücken keine Emotionen mehr aus; sie imitieren Emotionen. Bitte denken Sie nicht, dass ich die Darsteller kritisiere. Ich würde das nie machen, denn es wäre sicherlich ungerecht. Die Qualität der Arbeit, die ich im Fernsehen oder in Filmen sehe, ist sehr gut, doch nur wenige der Akteure haben eine Theaterausbildung genossen, und das stellt einen großen Unterschied zu früher dar. Sie lernten ihr Handwerk oftmals durch das Beobachten anderer, ihre Emotionen ausdrückender Schauspieler, woraufhin sie das imitierten. In einige Fällen imitieren sie also die Imitation eines echten Gefühls, wodurch sie sich weit von diesem Gefühl entfernen.

Mir hingegen wurde nicht (!) die Darstellung einer Emotion beigebracht, sondern das Erschaffen eines facettenreichen Charakters. Diesem Charakter erlaubte ich das tatsächliche Erleben der Gefühle. In der Realität wurde ich somit – wie die Kollegen auch – oft von den Reaktionen der Person, die ich mimte, überrascht. Ich habe niemals versucht, der Rolle eine angemessene Dosis Gefühl zu injizieren. Wenn meine Figur reagiert, denke ich niemals: Ich wusste gar nicht, dass er das macht. Stattdessen denke ich: Whoa, ist das nicht ein interessanter Aspekt der Figur? Ungeplantes Fehlen von Planung könnte man das wohl nennen.

Bei einer TV-Serie, in der ich auftrat, spielte ich einen Mann, dessen Enkel nach mehreren Wochen des Vermisstseins tot aufgefunden wurde. Den Drehbuchautor plagten Sorgen, dass mir vielleicht keine adäquate Darstellung gelingen könnte. Der Regisseur schlug deshalb eine bestimmte Reaktion vor. Doch ich habe den Verlust von Kindern selbst erlebt, den Schmerz empfunden. Als ich die Szene begann, schluckte ich die Tränen herunter und nutzte Textfragmente des Autors. Die Gefühle aber waren real.

Eine Zeit lang fungierte ich als Gastgeber der TV-Show *Raw Nerve*. Der Titel bezog sich auf die Tatsache, dass ich von meinen Gästen erwartete, dass sie ihre wahren Gefühle zeigten. Oftmals konnte ich sie dazu bringen, doch häufig verhinderten die ein Leben lang aufgebauten Schutzwände aus mehreren Schichten einen Zugang zu den tieferliegenden Emotionen.

Ich erinnere mich noch genau an die wohl ungünstigste Zurschaustellung meiner eigenen Gefühle in der Öffentlichkeit. Ich hielt mich auf dem *Raumschiff Enterprise*-Set auf, als meine Mutter anrief und mir erklärte, dass mein Vater wie aus heiterem Himmel an einem schweren Herzinfarkt verstorben sei. Ich fühlte mich wie am Boden zerschlagen. Vollkommen aus der Bahn geworfen. Von der Trauer übermannt. Dieser Mann war die Basis meines Lebens gewesen.

Ich flog nach Miami und organisierte seine Überführung nach Toronto. Als wir in Montreal ankamen, musste ich einen Sarg aussuchen. Der Bestattungsunternehmer geleitete mich in einen Ausstellungsraum, wo die unterschiedlichsten Särge wie Fernseher aufgereiht standen. Das reichte von einfachsten Pinienkisten bis hin zu mit Bleieinlagen umrandeten und mit Goldbeschlägen verzierten Särgen. Es gab zahlreiche Variationen verschiedenster Qualität in allen nur erdenklichen Preiskategorien. Ich war gezwungen, nun den Sarg aussuchen, in dem der Mann, den ich so innig geliebt hatte, begraben werden sollte.

Während ich die Entscheidung fällte, dachte ich geradezu zwanghaft an ihn. Er war als kleines Kind nach Kanada ausgewandert. Mein Vater hatte Schuhe geputzt, Zeitungen ausgetragen und sich abgeplagt, um genügend Geld zu sparen, damit seine Geschwister ihm folgen konnten. Es war eine wahrhaft heldenhafte Geschichte. Dad wurde erfolgreicher Produzent und Verkäufer von preisgünstigen Anzügen. Er lehrte mich, ein Jackett zu falten, wie man hart arbeitet und wie man Geld spart. Als ich nun in diesem Raum stand und die Särge anstarrte, hörte ich seine eindringliche Stimme: „Gib das Geld für die Lebenden aus."

Ich kaufte ihm einen hübschen Piniensarg.

Während des Trauergottesdienstes am nächsten Tag rollte man den Sarg in die Kapelle. Es war einer der schwierigsten Momente meines Lebens. Ich stand neben meiner Schwester Joy, und während der Gedenkrede für ihn flüsterte ich in ihre Richtung: „Dad wäre sehr stolz gewesen."

„Warum?", fragte sie.

Ich antwortete: „Ich schloss beim Sargkauf einen tollen Deal ab."

„Wieso?", wollte sie wissen. „Ist er gebraucht?"

Ich konnte mir nicht helfen, musste lachen und bedeckte den Mund mit einer Hand, was aber nutzlos war. Ihre Antwort beschrieb perfekt unseren Vater. Natürlich begann auch Joy zu lachen. Andere hatten unser Gespräch gehört und plötzlich bewegten sich wahre Lachsalven durch die Kapelle.

Es war ein wunderschönes Erlebnis – der emotionale Wandel von tiefer Trauer zu Lachen machte es so erinnerungswürdig. Und das lag fernab jeglicher Respektlosigkeit, denn die wenigen Worte stellten eine Feier seines Lebens dar.

Nach dem Gottesdienst schritten wir zum Friedhof. Der Rabbi war ein Cohen, ein Hohepriester, und aus irgendeinem Grund wurde es ihm nicht gestattet, der Bestattung beizuwohnen. Ich erinnere mich daran, wie merkwürdig ich es fand, dass ein Rabbi nicht für einen Toten beten durfte.

Die intensivste Erinnerung an diesen Tag ist das Geräusch, als eine Handvoll Erde auf den Holzsarg aufschlug. Es symbolisierte den endgültigen Verlust und löste ein Gefühl aus, das durch meinen Körper schoss. Es war ein direktes und überwältigendes Gefühl der Trauer. Als wir an dem Tag den Friedhof verließen, war es abgeklungen, doch ich habe es nie vergessen. Ein Jahr später kehrten wir zurück, um eine Widmung auf den Grabstein gravieren zu lassen. Seitdem habe ich den Ort nie wieder aufgesucht.

Wie die meisten anderen auch, habe ich meine Emotionen über einen Großteil des Lebens hinweg im Zaun gehalten. Doch mit zunehmendem Alter erreicht man endlich einen Punkt, an dem man das nicht mehr machen muss – und das ist einer der wenigen Vorteile der späten Jahre. Man erkennt – so wie ich –, dass Ehrlichkeit hinsichtlich der Gefühlswelt nicht nur okay, sondern auch gesund ist.

Im März 2017 versammelte sich meine Familie zu einer Geburtstagsfeier. Im Laufe des Abends stellte mir meine kluge und weise 14-jährige Enkeltochter eine höchst delikate Frage: Ihre Großmutter, meine erste Frau, die Mutter unserer drei Kinder, befand sich im Krankenhaus und litt unter Demenz. „Paps“, erkundigte sie sich, „warum kannst du sie nicht besuchen?“

In dem Moment breitete sich am Tisch eine unangenehme Stille aus. Dort saßen Menschen, die sie liebten und nicht wussten oder verstanden, was zwischen uns vorgefallen war. Ich hätte die Frage ignorieren oder mit einer heuchlerischen Antwort abtun können. Das machen die Menschen meist, um sich ihre Gefühle nicht einzugestehen, besonders, wenn es sich um unangenehme handelt. Stattdessen antwortete ich ehrlich: „Weil ich immer noch den Zorn verspüre."

Nach einem kurzen Augenblick des Nachdenkens sagte meine Enkelin: „Auch ich empfinde diesen Zorn."

Die Wahrheit ist: Ich bin niemals über die durch unsere Scheidung ausgelöste Wut hinweggekommen und konnte das auch nicht vortäuschen. Ich weiß, was ich tat, was ich zur Scheidung beigetragen hatte, und habe schon seit langem die Verantwortung für meine Handlungen übernommen. Ich erklärte: „Ich ärgere mich immer noch darüber, dass ich zuließ, dass ihr wohlhabender Vater mich dazu zwang, all meine Ressourcen für den Kauf des Hauses in Beverly Hills aufzubrauchen, in dem deine Großmutter und deine beiden Tanten lebten, obwohl ich nach *Raumschiff Enterprise* noch nicht mal 15 Dollar in der Tasche hatte. Natürlich verstehe ich ihren Zorn auch, doch es war nicht nötig, mich auf so eine Art jahrelang zu bestrafen."

Als ich die Worte aussprach, spürte ich erstaunlicherweise, wie der Ärger durch den ganzen Körper strömte. Nach all den Jahren, nach so vielen Begegnungen mit unzähligen Menschen und all den Erfahrungen, war er immer noch da – und sogar noch sehr intensiv. Es verblüffte mich, dass der Zorn nach einer so langen Zeit noch immer in mir steckte, sich so stark auswirkte. Das war die Macht der Emotionen, die uns formen.

Wir mögen glauben, bestimmten Ereignissen und Gefühlen entwachsen zu sein, dass sie keine Macht mehr über uns besitzen. Das ist nicht wahr, zumindest nicht für mich. Tatsächlich erinnerte es mich an eine ähnliche Wut gegenüber meiner Mutter. Sie beleidigte mich so oft und in verschiedensten Zusammenhängen – und das über eine lange Zeit –, sodass unser Verhältnis die Beziehung zu all den Frauen in meinem Leben einfärbte. Rufe Dr. Freud. Dr. Freud, bitte! Bill Shatner auf Kanal eins!

Dennoch kann man von einem bestimmten „Vorteil" sprechen, wenn man überwältigende Trauer und peinigende Schmerzen durchlitten hat. Meine Frau Nerine litt unter Alkoholsucht. Ich war sicher, sie retten zu können. Ich glaubte, dass meine Liebe – und ihre Liebe, weil ich sie bedingungslos akzeptierte – stärker als ihre Sucht wäre. Leonard Nimoy, der etwas von der Sucht verstand und alles über Alkoholismus wusste, warnte mich, dass die Abhängigkeit stärker sei, als ich möglicherweise verstünde. Ich hörte nicht auf ihn und heiratete Nerine, die schließlich in unserem Swimmingpool ertrank. Dort fand ich sie auf der Wasseroberfläche treibend.

Ich habe den darauf folgenden anhaltenden psychischen Schmerz bereits erwähnt, doch das waren lediglich Worte. Es gibt kein Medium, um anderen die Stärke dieser Empfindung mitzuteilen. Die Trauer überwältigte mich. Es war dieser bestimmte Schmerz, bei dem man denkt: Entweder sterbe ich jetzt, oder ich bringe mich um. Die Intensität dessen war so stark, dass ich mir eine Zeit lang einredete, lieber gar nichts mehr fühlen zu wollen, als die Qualen auszuhalten. All die anderen Gefühle wurden durch den Schmerz scheinbar ausgelöscht.

Für die meisten stellen Emotionen einen Großteil des Lebens über eine Art Hintergrundmusik dar. Einst sah ich einen Lehrfilm, der mir sehr gefiel: In dem kurzen Clip sah man einen Mann, der durch ein Zimmer ging, um einen Anruf entgegenzunehmen. Allerdings gab es verschiedene Versionen, die sich durch eine jeweils andere Hintergrundmusik unterschieden. Mit der Musik veränderte sich die Atmosphäre radikal: War sie leicht und unbeschwert, ahnte der Zuschauer, dass es sich um keinen wichtigen Anruf handelte, hatte sie Tiefgang und Dramatik, wusste man, dass es sich um einen das Leben verändernden Anruf handelte.

In unserem Leben spielt die Musik meist im Hintergrund. Wir sind glücklich, gelangweilt oder aufgeregt, aber die Emotionen werden nur gedämpft wahrgenommen. Die Musik wirkt sanft. Doch dann erklingt der Donner der Pauken, die Bläser spielen alles durchdringende Töne, und die von uns empfundenen Gefühle übernehmen die Kontrolle über unser Leben. Das war die Trauer, die ich verspürte. Die Emotion überwältigte mich. Sie hatte mich in ihren Klauen, sowohl psychisch als auch physisch. Das Bewusstsein und der Körper reagierten darauf, und ich konnte an nichts anderes mehr denken als an den Verlust, weshalb mein Körper mit Schmerzen reagierte.

Das sind die Macht und die Kraft der Gefühle.

Ich beging nicht Suizid, starb auch keines natürlichen Todes und war schließlich in der Lage, doch wieder übermäßige Freude und Glück zu erleben. Ich lernte, dass Trauer nur für eine bestimmte Zeitspanne über mich kam. Aber es dauerte mehr als ein Jahr, bis die Last von meinem Herzen wich, bis sich die Nebel langsam lichteten. Ich habe diesen Schmerz nie vergessen, und wenn ich es will, verspüre ich einen Nachhall dessen, doch zu guter Letzt drang dann die Schönheit des Lebens zu mir durch, und die Trauer zog sich zurück.

Noch heute trage ich die emotionale Erinnerung in mir: Wenn ich Traurigkeit erlebe oder Kummer, knüpfe ich an das alte Erlebnis an. Der Schmerz ist bekannt, und ich werde an Folgendes erinnert: Erholte ich mich davon? Die Erfahrung führt zu der Einsicht, dass jedes Gefühl, jede Emotion von Natur aus zeitlich begrenzt ist und wir sie überleben werden.

Andererseits habe ich auch nie die emotionalen Freuden der Kindheit vergessen. Vor einigen Jahren lud man mich zur Teilnahme am größten Paintball-Wettbewerb ein, der jemals ausgetragen wurde. Jedes Kind hat einmal eine Version von Gut gegen Böse gespielt, und hier standen die „guten Jungs“ den anderen Teams gegenüber, die Waffen nutzten, mit denen man rund ein Zentimeter große Farbbälle abfeuerte. Die Veranstaltung sollte auf einem etwa 700.000 Quadratmeter großen Grundstück in Joliet, Illinois, stattfinden, auf dem Häuser, Forts und Burgen stehen, in denen man sich verstecken, die man durchsuchen oder aus denen man feuern kann. Mit anderen Worten: Es war der wahrgewordene Traum großer Jungs.

Ich akzeptierte nicht nur augenblicklich, sondern entschied mich sogar zum Dreh einer Doku. Der größte Paintball-Kampf der Geschichte? Da mache ich mit! Meine Frau Elizabeth fällte ihre Entscheidung genauso schnell wie ich: „Ich will damit nichts zu tun haben!“ Wie sich kurz darauf herausstellte, war sie jedoch eine Paintball-Scharfschützin und machte natürlich mit.

5000 Sportler nahmen an der Veranstaltung teil. Die Regeln sind simpel: Wird man von einem Paintball getroffen, muss man 15 Minuten aussetzen, wonach man ein neues Leben erhält und weitermachen darf. Ich wurde zum Anführer einer Armee gewählt. In einem Paintball-Gefecht werden Punkte für verschiedene „Leistungen“ vergeben. Die meisten erhält man für das „Markieren“, also das „Töten“ des Anführers der gegnerischen Mannschaft im Hauptquartier. Gelingt das einem Teilnehmer, bedeutet das in der Regel, dass man das gesamte Spiel gewinnt. Doch um dem vorzubeugen, werden die Protagonisten auch bestens bewacht.

Bei so vielen Spielern verschiebt sich das Mittagessen häufig. Als wir so weit waren, stellten Liz und ich uns in eine Reihe für einen Burger an, doch plötzlich begann der Mann hinter mir zu weinen. Wir drehten uns um und erkundigten uns nach seinem Befinden. „Es tut mir so leid, Bill“, schluchzte er. Der Mann hielt eine Paintball-Pistole in seiner Hand. Er klärte uns auf: „Der Anführer des anderen Teams ist Paintball-Hersteller, und er bot mir eine neue Waffe an, wenn ich mich in euer Camp schleiche und einen Anschlag auf dich verübe. Aber ich mag dich so sehr, dass ich es nicht kann.“

Erneut zahlte es sich aus, Bill Shatner zu sein! „Ich habe eine Idee“, entgegnete ich. Wir gingen daraufhin meinen Plan durch, und ich ließ einige Paintballs in den Hemdsärmeln verschwinden. „Richte deine Pistole auf mich. Ich bin dein Gefangener. Führe mich zu dem Typen, der dich geschickt hat.“ Wir gingen über das Feld und direkt in das feindliche Lager. Während wir uns näherten, entdeckte ich den Kommandanten der Gegenseite. Wir waren nur noch ungefähr sechs Meter entfernt, als ich die Hände auf den Brustkorb presste und schrie: „Oh, mein Gott.“ Ich ließ mich fallen. Als Schauspieler fiel es mir natürlich leicht, das Opfer eines Herzinfarkts darzustellen.

Offensichtlich war die Szene glaubwürdig. Ihr Anführer rannte herüber und beugte sich zu mir herunter. In dem Moment warf ich die Paintballs auf ihn. Dann mimte ich Captain Kirk, schnappte seine Pistole und drückte ihn zu Boden. „Nicht bewegen“, befahl ich mit meiner härtesten „Harter-Typ-Stimme“. Wir hatten den Anführer des Feindes gefangengenommen.

Die Freude, die ich exakt in dem Augenblick verspürte, unterschied sich überhaupt nicht von der des Kindes 70 Jahre zuvor. Ich hatte immer noch Zugang zu diesem Gefühl und war in der Lage, es voll auszukosten.

In meinem Leben habe ich die Kraft der Liebe erfahren, aus der heraus Gefühle entstehen. Die Liebe an sich ist meiner Auffassung nach kein Gefühl, stattdessen vielmehr die Basis, von der aus Emotionen erwachsen. Die Liebe kann sich in Ekstase ausdrücken, Glück, Freude, Behaglichkeit, Kummer, Trauer, Schmerz und Leid. Sie ist aufregend und abschreckend. Oft ist es genauso schwierig, mit der Liebe zu leben als ohne sie. Manchmal denke ich an den populären Song *What I Did For Love*. Hinsichtlich meines Lebens ist die Antwort einfach: alles! Die Liebe ist der Aspekt des Lebens, den so viele von uns lange Jahre intensiv suchen, nur um dann herauszufinden, dass die Liebe – haben wir sie einmal gefunden – unseren Erwartungen nicht gerecht wird.

In meinen weit über 80 Jahren habe ich alle Facetten der Liebe erfahren und erlebt: Ich habe leidenschaftliche und unerwartete Liebe gefunden, die Liebe in einer Beziehung oder das Glück als Elternteil erlebt. Es ist sprichwörtlich unmöglich, die Liebe zu meinen Hunden und Pferden akkurat zu beschreiben. Ich habe bestimmte Rollen geliebt, die ich spielen durfte, und Besetzungen, bei denen ich das Glück hatte, dabei sein zu dürfen! Ich habe Autos geliebt, Motorräder, Essen und auch gelegentlich ein Kleidungsstück. Ich liebe das Haus, in dem ich nun schon seit über vier Jahrzehnten lebe, das Singen und das Schreiben. Ich habe es geliebt, auf der Bühne zu stehen und das Lachen und den Applaus des Publikums zu hören, aber auch selbst Teil einer Zuschauermenge zu sein, die von einem großartigen Entertainer gefesselt wird. Ich habe das Gefühl des intensiven Lebens geliebt. Ich habe geliebt, ach, ich habe so sehr geliebt.

Auch habe ich erfahren, dass die verschiedenen Facetten dieses Gefühls ein deutlich unterscheidbares emotionales „Klima“ bewirken. Einen Verwandten, ein Kind, einen Freund oder ein Haustier zu lieben, ist verhältnismäßig leicht und beinhaltet nur ein minimales emotionales Risiko. Sich emotional zu öffnen und einen anderen Menschen zu lieben, bringt hingegen ein enormes Risiko mit sich.

Die Suche nach Liebe kann Gefühle offenbaren, die ein ganzes Leben lang im Verborgenen schlummerten. Wir alle haben erfolgreiche und angesehene Menschen gesehen, die plötzlich die Kontrolle über ihre Handlungen verloren und damit endeten, ihren Ruf zu zerstören und manchmal sogar ihre Karriere. Eine Astronautin zieht sich eine Windel an und fährt so ohne Zwischenstopp durch das halbe Land, um ihren Geliebten bzw. ihre Rivalin zur Rede zu stellen. Der Oberste Richter des New Yorker Berufungsgerichts wird dabei geschnappt, wie er einer Frau, die ihre Affäre beendete, ein Kondom und Drohbotschaften schickt. In vielen Fällen sind diese Menschen einer anderen Person begegnet, die ihnen einen Zugang zu für sie neuen Erfahrungen ermöglichte, jemand, der sie aus ihrem Wohlfühlbereich herauslockte. Auf einmal spüren sie noch nie empfundene Gefühle. Liebe kann süchtig machen.

Vor einigen Jahren arbeitete ich an einem Film. Der damalige Star hatte eine Affäre mit der Hauptdarstellerin. Das ist durchaus nicht ungewöhnlich. Niemand kümmerte sich darum, und es schien auch keinen zu interessieren. Das Problem ging schließlich von ihm aus, denn er war so sehr verliebt, dass er Tag für Tag unvorbereitet zum Set kam. Schließlich richtete er den gesamten Film auf sie aus, und das wurde dann zu einem Problem *für uns*! Es faszinierte die anderen und machte sie gleichzeitig betroffen, den Star dabei zu beobachten, wie er zu dem sprichwörtlichen „Häufchen emotionalen Elends“ verkümmerte. Wenige Jahre später begegnete ich der Hauptdarstellerin bei einer Veranstaltung. Sie hatte zwischenzeitlich geheiratet – einen anderen Mann. Jedoch nahm sie sich die Zeit, sich bei mir zu entschuldigen und erklärte, wie leid ihr das Geschehene tue. „Ich verlor die Kontrolle“, erklärte sie.

Emotionen, die Amok laufen! Da gewesen, das getan – in jungen Jahren traf das auch auf mich zu. Es geschah dann wieder. Und noch einmal. Früher war ich ein gutaussehender Mann. Ich schaue mir heute die Fotos von einem frühen Karrierezeitpunkt an und denke: Meine Güte, was sah ich gut aus. Allerdings empfand ich das damals nicht so. Überhaupt nicht! Ich hatte das Aussehen, den Körperbau, das Verlangen und das Talent, gehörte zu den Glücklichen, denen so viel mitgegeben worden war. Jedoch gab es einen ausgleichenden Faktor – ich konnte das nicht annehmen, einfach nicht glauben. Schaute ich in den Spiegel, gefiel mir das Bild nicht. Ich glaubte in Bezug auf Frauen, nicht sonderlich attraktiv zu wirken, und stellte ihnen nach, um mich besser zu fühlen, einen Ausgleich für mein vermeintliches Defizit zu finden. Damals dachte ich nicht viel über die Liebe nach. Ich orientierte mich diesbezüglich nur an dem, was mir die Drehbuchautoren ins Skript geschrieben hatten und was die bekannten Sänger in ihren Songs erzählten. Vor allem wusste ich, dass es ein schönes Gefühl war. Manchmal fühlte es sich unglaublich gut an. Jedoch beschränkte sich meine Definition der Liebe auf die Beziehung zwischen einem Mann und einer Frau und die Gefühle, die ich laut gesellschaftlicher Norm gegenüber meiner Familie zu empfinden hatte.

Diese Definition begann sich als Teenager zu ändern, der das erste Mal New York besuchte. Ich ging allein in einen Nachmittagsfilm in der großartigen Radio City Music Hall. Ein Mann setzte sich neben mich. Nach wenigen Minuten legte er seine Hand auf mein Knie. Ich hatte damals nicht die geringste Vorstellung davon, was Homosexualität bedeutete. Ich schob mein Bein weg, da ich glaubte, zu viel Platz zu beanspruchen. Doch Sekunden später lag seine Hand erneut auf meinem Knie. Dann griff er mir zwischen die Beine. Ich schnellte hoch und schrie, hatte panische Angst. Mit dem Gefühl, dass sich jemand an mir vergangen hatte, rannte ich aus dem Kino.

Was der Fremde mir gegenüber ausdrückte, war sicherlich keine Liebe – überhaupt nicht.

Es war jedenfalls meine erste Erfahrung mit einem Homosexuellen. Aber ich stand am Beginn meiner Theaterkarriere, und so sollte es zweifellos nicht meine letzte gewesen sein. Ein Jahr später fungierte ich als Bühnenmanager bei einer Show in Montreal. Unser Star war ein französischer Darsteller. Er lud mich zu einem Dinner ein, was mich überaus freute. Ein so bedeutender Mann – und er lädt mich zum Dinner ein! Er meinte, wir würden ein schönes Restaurant besuchen, und ich bräuchte ein angemessenes Jackett. „Komm in mein Zimmer. Ich kann dir ein Jackett borgen."

Nach wenigen Minuten schon jagte er mich durch den Raum. Ich versuchte, das als Witz aufzufassen, doch das Erlebnis vermittelte mir ein Gefühl dafür, wie sich ein Mensch in untergeordneter Position fühlen muss, wenn er bedrängt und genötigt wird. Ich möchte gerne glauben, dass es mein Verhalten gegenüber Frauen veränderte. Ich möchte es glauben.

Doch ich weiß, dass ich einige Zeit für die Einsicht brauchte, dass dieselbe Emotion, die ich verspüre und als Liebe identifiziert habe, auch dem Empfinden anderer gleicht, egal, um welches Geschlecht es sich handelt, egal, welche sexuelle Präferenz vorherrscht. Einer meiner besten Freunde ist schwul. Als sich die Freundschaft zwischen uns entwickelte und ich von seiner Homosexualität erfuhr, war seine Sexualität ein Thema, das wir bei Gesprächen bewusst vermieden. Zumindest traf das auf mich zu, denn darüber gab es für mich nichts zu reden.

Eines Tages bemerkte ich seine tiefe Traurigkeit und fragte ihn als Freund, was denn los sei. Wie er erklärte, war eine sich anbahnende Beziehung fehlgeschlagen und er abgewiesen worden. Offensichtlich glich der von ihm gefühlte Schmerz meinem Empfinden, wenn die Beziehung zu einer Frau zerbrach. Wir setzten uns hin und sprachen schon bald über die Liebe. Dabei lernte ich, wie gewöhnlich und normal die Liebe für jeden ist – und manchmal auch wie qualvoll.

Und was wäre die Welt ohne die Liebe? Tja, um mal anzufangen – es gäbe eindeutig weniger Country-Songs. Wie sich viele vielleicht erinnern können, habe ich eine Welt ohne Liebe erforscht, in einer Serie mit dem Namen … *Raumschiff Enterprise*! (Hallo. Das Applaus-Zeichen blinkt auf!) Mein enger Freund, der Vulkanier Mr. Spock, wuchs in einer Gesellschaft auf, die Emotionen bewusst unterdrückte, da sie so überwältigend sein können und potenziell gefährlich. Emotionen – und das wurde ihm gelehrt – sind verwirrend und schwierig. Er muss eingestehen: „Ich möchte behaupten, dass ich den Umstand, gemeinsam mit Menschen meinen Dienst zu verrichten, nicht immer genoss. Ich empfinde ihre unlogischen und törichten Emotionen als konstantes Ärgernis."

Mit der Erfahrung eines über acht Jahrzehnte auf diesem Planeten verbrachten Lebens kann ich mit Sicherheit behaupte, dass Vulkan nicht der Himmelskörper ist, den ich mir jemals als Wohnort aussuchen würde. Ich schrieb einen Song mit dem Titel *Alive*, und eine Passage des Textes erklärt meine Einstellung:

The day is alive with color and sound;
My joy is back and I'm glad I found it
Before it was too late.
The air carries the scent of hope and joy;
The breeze weaves its touch on my face and hair.
The scent of hope is in the air.

Vor vielen Jahren, sogar noch vor meiner Geburt, schrieb der Psychoanalytiker Sigmund Freud einmal: „Nicht ausgedrückte Emotionen werden niemals ruhen. Sie sind lebendig begraben und tauchen später in hässlichen Ausprägungen wieder auf." Das gleicht so gar nicht dem Slogan: „Erlebe sie, oder verliere sie", sondern eher einem: „Erlebe sie, oder leide an den Konsequenzen."

Emotionen sind die Farbe und der Klang des Lebens. Nur durch unsere Gefühle loten wir die Höhen und die Tiefen unseres Geistes aus. Ich lernte, sie alle anzunehmen, den Schmerz wie auch die

Freude, und sie meinen Körper durchdringen zu lassen. Ich kann nicht jedem einen exakten Ratschlag erteilen, wie er seine Emotionen intensiver wahrnimmt, doch mit Überzeugung schreiben, dass es einen deutlichen Unterschied in seinem Leben ausmachen wird, sollte es ihm gelingen, das kann ich. Denn so war es auch bei mir.

5.
Die Grundzutaten: Gesundheit und (ein wenig) Wohlstand

Wir Juden erklärten unsere Kultur traditionell mit Hilfe des Humors. Zum Beispiel: Einmal überquerte ein älterer Jude eine Straße in der Upper West Side in New York, als ein Taxi um die Ecke geschossen kam und ihn streifte, wodurch er hinfiel. Augenzeugen eilten ihm zu Hilfe. Ein Mann zog sein Jackett aus, faltete es und legte es vorsichtig unter den Kopf des Unfallopfers. Als der am Boden Liegende seine Augen öffnete, fragte ihn einer der Umherstehenden: „Geht es Ihnen gut?"

Kaum hörbaren flüsternd erwiderte der Jude mit einer Art verbalem Achselzucken: „Ich komme so über die Runden."

„Ich komme so über die Runden." So war mein Vater. Das war sein Ethos. Das lernte ich von ihm, deutlicher als alle anderen Lektionen: Kümmere dich um die Familie. Arbeite hart, sorge für deinen Lebensunterhalt, sei von keinem anderen abhängig.

Ein historisch tradiertes Vorurteil über Juden dreht sich immer um Geld: Juden waren Geldwechsler. Dort lag immer die Basis der antisemitischen und verzerrten Darstellung. Natürlich entsprach die Realität nicht dieser Verleumdung. Der wahre Kern jüdischer Kultur – so wie es mir mein Vater durch sein Beispiel vorlebte – definierte sich durch harte Arbeit, Fürsorglichkeit gegenüber der Familie und dadurch, anderen Menschen etwas abzugeben, falls das möglich war. Sicherlich kann man sich mit Geld kein Glück erkaufen, sondern eher Sicherheit. Großartige jüdischen Komiker haben uns oft an eine allgemeingültige Aussagen erinnert: „Reich oder arm, es ist nett, Geld zu haben."

Ich bin arm gewesen; ich bin reich gewesen. Ich habe beides erlebt. Ich habe auf der Ladefläche eines Pick-ups gelebt, auf einem wunderschönen Anwesen in Kalifornien und auf einer Pferdefarm in Kentucky. Mir ist der wahre Wert des Geldes durchaus bewusst. Ich weiß, was man damit kaufen kann, weiß aber auch, was es kostet. Im Verlauf meines Lebens habe ich eine stattliche Summe verdient. Oftmals treten Menschen an mich heran, um einen finanziellen Ratschlag zu erbitten. Meine Antwort drückt sich in unmittelbarem Gelächter aus, denn ich bin wohl der Letzte, den man um solch einen Rat fragen sollte. Ich erkläre den Leuten, dass ich – im Fall, ich wüsste es – das dann auch direkt umsetzen würde und gar keine Zeit hätte, anderen Tipps zu geben.

Ich habe mir immer die Frage gestellt, warum Menschen auf sogenannte „Experten" hereinfallen, die Kurse zum „Reichwerden" verkaufen. Fällt ihnen nicht auf, dass diese „Experten" – hätten sie tatsächlich das Wissen – selbst reich wären und gar keine Kurse anbieten müssten, statt wie Raubtiere anderen aufzulauern?

Ich habe mein Geld durch Arbeit verdient, statt mit Investments. Vor vielen Jahren gab mir der grandiose kanadische Schauspieler Lorne Greene [mit der Rolle des Ben Cartwright in *Bonanza* weltberühmt geworden] einen Investment-Tipp: „Kauf Uran-Aktien", riet er mir, „die gehen durch die Decke." Lorne Green war ein gewiefter Investor, weshalb ich Uran-Anteile kaufte. Das war eine Chance, bei der man nicht verlieren konnte. Einen Tag, nachdem ich mir die Aktien gekauft hatte, erklärte der kanadische Premierminister, dass das Land nicht länger Uran abbaue. Ich verlor das gesamte Investment.

Im Laufe der Zeit habe ich von unterschiedlichsten Investment-Strategien gehört. Vor einigen Jahren gab mir mein Business-Manager, besorgt darüber, dass ich zu viel Geld für die Pferde ausgebe, einen seiner Ansicht nach klugen Ratschlag: „Schaffe dir nie etwas an, das frisst, während du schläfst." Ein Freund, der seine Freude an Pferdewetten hatte, unterbreitete mir wiederum sein Geheimnis des Investierens: „Wette nie auf etwas, das reden kann." Ich bin zwar kein Experte, habe aber von diversen Experten unterschiedlichster finanzieller Sektoren gelernt. Wenn ich all die Ratschläge in Erwägung ziehe, kann ich eine Investment-Strategie zusammenfassen: Versuchen Sie, Glück zu haben!

Ich glaube, viele denken, dass ich angeblich Hunderte von Millionen Dollar als Aushängeschild und Werbefigur der Internet-Plattform Priceline.com verdient haben soll. Die wahre Geschichte ist weniger bekannt. Sie illustriert bestens meinen finanziellen Geschäftssinn. Meine verstorbene Frau Nerine hatte eine Freundin mit Beziehungen zu einer Internet-Start-up-Seite namens Priceline.com. Es war ein interessantes Konzept. Statt einen Preis für Waren oder Dienstleistungen festzusetzen, wie zum Beispiel Flugtickets oder ein Hotelzimmer, nannten die Kunden den Preis, den sie zu zahlen bereit waren, und Priceline.com versuchte, einen Anbieter des Produkts oder der Dienstleistung zu finden, der das Angebot akzeptierte. Wie bei jedem Start-up standen ihnen nur begrenzte Mittel zur Verfügung, woraufhin mich Nerines Freundin fragte, ob ich einen Radio-Jingle für sie produzieren würde.

Hier folgt der beste Geschäftstipp, den ich Ihnen geben kann. Läutet das Telefon, sagen Sie „Ja". Sie können ruhig auf ein „Hallo" verzichten, sagen Sie einfach „Ja". Ich erklärte ihnen, zur Produktion nach Neuseeland zu fliegen. Allerdings kannte ich die Firma nicht, und ich machte es nur, weil die Leute nett schienen und mich meine Frau darum gebeten hatte.

Das Commercial erwies sich als erfolgreich, woraufhin sie mich baten, weitere aufzunehmen. Sie konnten mich leider nicht monetär entlohnen, doch sie beabsichtigten, mich mit Aktien des Unternehmens zu bezahlen. Ich wusste vom Internet-Boom und willigte ein.

Schließlich besaß ich eine stattliche Anzahl von Aktien, die ursprünglich mit 0,25 Dollar pro Stück bewertet worden waren. Und plötzlich setzte der Wahnsinnserfolg ein. Ich hatte ihnen durch die Werbung dabei geholfen und wusste das auch. Die Commercials waren gut geschrieben, doch auch ihr Service konnte sich sehen lassen. Er half den Kunden beim Sparen. Der Wert der Aktien stieg und stieg. Ich schaute jeden Tag in die Zeitung und konnte es kaum glauben. Auf dem Papier war ich ein steinreicher Mann. Die Aktie stieg von einem unbedeutenden Wert bis auf eine Summe von 175 Dollar. Plötzlich war ich mehr als wohlhabend. Damit meine ich, wohlhabend genug, um das Geld an Bedürftige zu verteilen und immer noch eine bedeutende Summe zu besitzen. Und auf einmal las ich Storys, wie steinreich ich angeblich geworden sei. Angeblich handelte es sich um eine Summe von mehreren 100 Millionen Dollar.

Bitte lassen Sie mich das wiederholen: Ich „besaß" demnach einige 100 Millionen Dollar. (Bitte achten Sie darauf, dass ich jetzt das angeblich weggelassen habe.) Ich wusste gar nicht, dass man so reich sein konnte, denn so etwas war mir zuvor noch nie passiert. Offensichtlich! Doch dann erfuhr ich von einer Sperrklausel. Es gibt ein Gesetz, dass bestimmten Aktienbesitzern die Veräußerung ihrer Anteile innerhalb eines bestimmten Zeitraums untersagt. Es wurde in Kraft gesetzt, um Geschäftsleute von der Gründung einer Firma abzuhalten zum Zweck, die Aktien hochzutreiben und dann zu verkaufen, wonach die Kleinaktionäre nur noch mit Anteilen an einem wertlosen Unternehmen zurückbleiben würden. Die Sperrklausel hielt mich von einem Verkauf ab.

Während ich also abwartete, platzte die Dot-com-Blase. Der Wert meiner Aktien fiel rasant. Viele Dot-com-Unternehmen mussten Insolvenz anmelden, doch Priceline.com hielt sich über Wasser. Schließlich veräußerte ich die Anteile für viel weniger, als sie einmal wert gewesen waren. Um es geradeheraus zu sagen: Die Aktien waren wieder ein Pennystock geworden.

Nachdem ich also mein Paket verkauft hatte, begann der Wert der Aktie wieder zu steigen, da es sich um eine vielversprechende Firma handelte. Er stieg auf über 1000 Dollar pro Anteil. Wie sich herausstellte, hatte ich mal wieder meinen klassischen Fehler gemacht: Ich hielt Aktien, statt sie zu verkaufen, und ich verkaufte sie, wenn ich sie hätte halten müssen. Es war eine interessante Erfahrung, und das nächste Mal, wenn ich auf dem Papier einige 100 Millionen Dollar wert bin, werde ich nicht noch einmal diesen Fehler begehen. Nach dieser Episode sollte sich aber niemand mehr von mir einen Finanztipp geben lassen.

Den Großteil des Lebens habe ich weitaus weniger besessen, als landläufig angenommen wird. Die Menschen sehen den unglaublichen Erfolg der Serie *Raumschiff Enterprise* und gehen davon aus, dass die Schauspieler an dem Phänomen immer noch finanziell partizipieren. Hollywoods Ökonomie kann jedoch schnell auf einen Nenner gebracht werden: Es sind stets die anderen, die den Löwenanteil einstreichen. Es ist egal, um wen es sich handelt, doch irgendwie wird der eben vertraglich bevorzugt. Zum Beispiel *Raumschiff Enterprise*: Viele Jahre lang verdiente das Studio Millionen, und wir erhielten nichts. Wir erhielten weder eine Restausschüttung noch Boni, einfach nichts und mussten juristische Mittel einlegen, um zumindest einen Bruchteil des Gewinns zu beanspruchen. Erst sehr viel später in meiner Karriere – mittlerweile war mein Name wirklich etwas wert – wurden mir beträchtliche Honorare gezahlt.

Ich habe während meiner Laufbahn einen schönen Batzen Geld verdient. Es schockiert mich aber immer noch, dass derselbe Mensch, der einst das Frühstück ausließ, um sich einen abendlichen Kinobesuch leisten zu können, heute finanziell abgesichert ist.

Zahlreiche Aspekte des Lebens sind von höchster Priorität, doch alles beginnt mit der Gesundheit, der Liebe und einem anständigen Einkommen. Im Leben vieler Menschen sind das die dominierenden Faktoren. Sie bestimmen fast alles Weitere. Das erinnert mich natürlich an einen anderen Aphorismus, denn ich während der Jungend gehört habe: Wenn du gesund bist, hast du alles. Allerdings würde es doch auch nicht schmerzen, ein kleines Haus zu besitzen?

Als ich heranwuchs, war die Gesundheit niemals ein dringliches Thema, denn man erwartete, gesund zu sein. Damals gab es so gut wie keine Vorsorge oder vorbeugende Maßnahmen. Die mediterrane Diät? Die Paleo-Diät? Eine Diät in früheren Zeiten war wesentlich einfacher: Wollte man sichergehen, aß man das, was vor einem stand. Erst viele Jahre später, als ich mir einen Besuch bei den besten Ärzten gestatten konnte, Doktoren, denen erstaunlich sensitive Untersuchungsapparaturen zur Verfügung standen, konnte ich mir die Diagnose „leisten", dass ich Krebs hatte. Wäre ich niemals so erfolgreich gewesen, hätten Liz und ich gar nichts von den Krebszellen in unseren Körpern erfahren.

Geld ist wichtig. Ich wünschte mir ja, die gegenteilige Aussage eines Idealisten auszusprechen, für den nur die Liebe wichtig ist. Doch Geld ist in unserer modernen Welt die aktuelle Version des Aufstehens vom Lagerfeuer und der Jagd, damit Frauen und Kinder genug zu essen haben. Es ist das Fundament. Es ist zwar in Form einer Währung verfügbar, doch wenn man die Höhle am Morgen verlässt, macht man sich tatsächlich zur Jagd auf. Statt ein Tier zu erlegen, begnügt man sich heute mit dem Einkauf von Lebensmitteln.

Das Geld steht in direkter Beziehung zum Überleben. Im Laufe der Jahre trägt man zudem die Verantwortung für andere Menschen, womit man noch mehr Geld zur Absicherung benötigt.

Ich habe diese Lektion von meinem Vater gelernt. Sein Tier tauchte in Form preisgünstiger Herrenanzüge auf. Die Menschen reden oft über den verführerisch süßen Duft des Erfolgs. In meinem Leben war das kein dezenter Duft, sondern der Lärm eines gewissen Erfolgs. Mein Vater war Textilverkäufer und wurde später Hersteller von Herrenanzügen. Er stellte eine Art Willy Loman aus Montreal dar, war ein hart arbeitender Mann, der sich viele Jahre Gedanken über die Bezahlung der Rechnungen im nächsten Monat machen musste. Zur damaligen Zeit war Montreal keine reiche Stadt, womit es einen Markt für nette, aber preiswerte Männermode gab. Er hatte ein winziges Unternehmen. Drei oder vier Angestellte arbeiteten in einem Raum von ungefähr 15 mal 15 Metern, wo sie zuschnitten und nähten. Ich kann mich noch viel besser an die Geräusche dort als den Geruch erinnern. Das Geräusch der Klingen, der Textilpressen und das Rat-tat-tat der Nähmaschinen. Das liegt schon mehr als ein halbes Jahrhundert zurück, doch ich denke heute immer noch daran. In einem Büro vorn nahm eine Sekretärin Bestellungen entgegen: „Ich möchte 20 Anzüge in den Größen 34 bis 40."

Mein Vater war die treibende Kraft hinter den Verkäufen und reiste in verschiedene Städte, um die Anzüge an den Mann zu bringen. Manchmal sahen wir ihn eine ganze Arbeitswoche nicht. Er kam vollkommen erschöpft in der Nacht zu Samstag zurück. Schließlich wurde sein Unternehmen erfolgreicher, und er nannte es „Admiration Clothing". Wirtschaftlich gesehen ging es uns gut. Wir gehörten der unteren Mittelschicht an. Dad machte einen hervorragenden Job, meine Mutter und die drei Kinder über Wasser zu halten. Ich besaß ein Fahrrad, musste allerdings immer arbeiten. Aber hatte mein Vater Träume, mal abgesehen davon, die Familie zu ernähren? Ich weiß es nicht.

Durch ihn konnte ich mir überhaupt erst einen Traum leisten, den Traum, Schauspieler zu werden. Geld zu verdienen, war bei dem Wunsch niemals ein motivierender Faktor. Und das ist für meinen Beruf eine Voraussetzung, denn nach all den Jahren warte ich immer noch darauf, jemandem zu begegnen, der den Beruf des Schauspiels wegen des Geldes anstrebt. Ganz im Gegensatz zur Textilindustrie benötigt niemand einen neuen Schauspieler, den er – wie einen Anzug – einige Jahre lang „nutzen" kann. Es ist ein Beruf, bei dem man sich von einem Engagement zum nächsten hangelt und niemals weiß, ob das Telefon noch einmal klingeln wird.

Ich begann mit Radioauftritten im Alter von sechs Jahren, womit ich nun acht Dekaden lang diesen Beruf ausübe. Laute der Datenbank IMDb habe ich in 238 Filmen, Serien oder TV-Programmen mitgespielt und mich in 393 Shows unter meinem eigenen Namen blicken lassen. Als Regisseur arbeitete ich bei 13 Filmen oder TV-Shows, und ich habe 18 davon geschrieben und 22 produziert. Dazu kommen noch: Video-Spiele, Soundtracks, 5 Alben, beinahe 50 Bücher und sogar noch die professionelle Auseinandersetzung mit der Virtual Reality. Ich habe genügend Geld verdient und angespart, dass ich mir nie wieder Sorgen um den Lebensunterhalt machen muss.

Und trotzdem jage ich dem nächsten Projekt hinterher wie vor über einem halben Jahrhundert. Ich verspüre immer noch diese Angst davor, dass das Telefon nicht mehr klingelt, und stelle mir die Frage, was wäre, wenn die Karriere vorbei ist. Was würde ich dann machen?

Mein Vater versuchte natürlich, mir eine Schauspielkarriere auszureden. Such dir einen sicheren Job, riet er mir. Der Gehaltsscheck markiert einen wichtigen Unterschied, denn Darsteller erhalten nie regelmäßige Entlohnungen. Ein Schauspieler lebt von einem Job zum nächsten. Viele haben schon den Ausdruck „make your nut" gehört, womit das Erwirtschaften von genügend Geld für den Lebensunterhalt gemeint ist. Dieser abgeleitete Ausdruck stammt aus der Welt des Theaters. Das schrieb aber kein Dramatiker, es ist eher ein abwertender, die Darsteller betreffender Ausdruck. Im amerikanischen Westen des 19. und frühen 20. Jahrhunderts fuhren Schauspieler mit Planwagen von einer Stadt zur nächsten und führten ihre Show eine Woche lang auf. Das glich exakt einem Zirkus, jedoch ohne den Reiz exotischer Tiere. Wenn eine Schauspielertruppe eine Stadt erreichte, kam der Gesetzeshüter, entfernte die Befestigungsmutter [lug nut] des Wagenrades und zog sie ein. Erst nach der Bestätigung, dass die Truppe ihre Rechnungen bezahlt hatte – die des Hotels und der Kneipen –, gab er die Mutter wieder zurück. Seine Rechnungen zu bezahlen wurde deshalb als „making the nut" bezeichnet.

Allerdings verdient der Großteil der Schauspieler niemals seine „nut". Es ist ein Beruf mit einer enorm hohen „Durchfallquote", und sicherlich – wie bereits erwähnt – keiner, den jemand wegen des Geldes anstrebt. Als Vater merkte, dass ich dazu jedoch fest entschlossen war, unterstützte er mich – emotional. Er verfügte über kein Geld, das er mir hätte leihen können, half mir aber bei der Anschaffung eines Autos für 400 Dollar. Das forderte ihm ein großes Opfer ab. Doch er ermutigte mich stets, was einen immensen Wert darstellte.

Wie jeder andere junge Schauspieler musste ich mich abmühen. Ich machte meine Fehler und nahm einen Job nach dem nächsten an, manchmal halb verhungert, manchmal mit dreckiger Wäsche und manchmal ohne die Möglichkeiten, ins Kino zu gehen. Doch ich war auf die Tatsache stolz, dass ich immer die Miete bezahlen konnte, mich niemals in die Schlange der auf Arbeitslosengeld Wartenden einreihen (was mir oft zugestanden hätte) und nie um etwas bitten musste.

Das Ziel, mein großer Traum war es, 1800 Dollar auf dem Bankkonto zu wissen. Ich habe nicht die geringste Idee, woher die exakte Höhe der Summe kam, doch sie symbolisierte Erfolg für mich. Könnte ich doch nur einen Betrag von 1800 Dollar ansparen!

Schließlich gelang es mir. Ich schaute auf die Seiten des Sparbuchs und sah die Zahl 1800! Damals lebte ich in New York, war verheiratet und hatte Kinder, weshalb es mir nie gelang, eine größere Summe auf die hohe Kante zu legen. Entweder streikte der Wagen oder eine Leitung leckte – und schon waren die Ersparnisse wieder auf 1000 Dollar zurückgegangen.

Ich lebte die ganze Zeit mit der Angst. Wie sollte ich bloß die Miete bezahlen und meine Familie ernähren? Erst durch *Raumschiff Enterprise* kam ich voran. Ich war „reich", hatte nun 2100 Dollar auf dem Konto. Und dann entschied sich meine Frau zur Scheidung. Und schon waren die 2100 Dollar weg – und noch ein stattliches Sümmchen darüber hinaus.

Die Scheidung kostete mich alles. Als *Raumschiff Enterprise* abgesetzt wurde, kannte man mich als Captain Kirk, ich war ein durchaus respektabler TV-Star. Doch ich konnte keinen Scheck über 15 Dollar ausstellen. Ich kratzte also meine letzten paar Dollar zusammen, ließ neue Reifen auf den Truck aufziehen und einen Aufsatz auf die Ladefläche montieren. Das ermöglichte mir, im Sommer von einem Theater zum nächsten zu fahren und in dem kleinen Verschlag zu wohnen.

Und diese Angst, finanziell am Ende zu sein, verflüchtigte sich nie. Ich lebe seitdem damit.

Es gibt viele, die glauben, dass das Geld eine zu wichtige Rolle im Leben der Menschen spielt. Wie ich herausgefunden habe, handelt es sich dabei meist um Leute, die genug besitzen und sich somit keine Sorgen machen müssen. Zuerst das Offensichtliche: Es ist besser, über

Geld zu verfügen, als keins zu haben. Es macht das Leben leichter, obwohl es andererseits durch die Jagd nach dem Geld erschwert wird. Zweitens: Leben Sie im Rahmen Ihrer Möglichkeiten. Und drittens: Versuchen Sie, sich nicht zu verschulden.

Und viertens: Zu viele setzen Geld mit Glück und Zufriedenheit gleich. Ich habe viele wohlhabende Menschen kennengelernt. Obwohl einige von ihnen glücklich waren, traf das nicht auf alle zu. Sie hatten ihr Vermögen in dem Glauben erwirtschaftet, dass Geld der Schlüssel zum Glück sei. Als sie es dann besaßen, mussten sie feststellen, dass sie kein bisschen zufriedener waren als in ihrem früheren Leben. Mit dem Glauben, dass sie mit noch mehr Geld vielleicht zufrieden wären, versuchten sie, noch mehr zu erwirtschaften. Es gibt Beispiele, bei denen das sogar zutraf. Andererseits sind mir viele glückliche Menschen begegnet, die sich abplagen mussten oder sich sicher in der Mittelschicht eingerichtet hatten. Sie haben sich eine Existenz im Rahmen ihrer finanziellen Möglichkeiten aufgebaut, die ihnen Zufriedenheit garantiert.

Geld bedeutet weder Glück noch Unglück. Es wurde gesagt, dass einzig und allein die Armut nicht mit Geld gekauft werden kann. Doch auch das Glück lässt sich nicht kaufen. Geld kann das Glück nur ermöglichen.

Ich bin mit meinen Finanzen immer vorsichtig umgegangen, erbte diese ökonomische Philosophie von meinem Vater. Kaufe günstige Holzsärge! Meine Strategie war schlicht und einfach: Halte die monatlichen Rechnungen so niedrig wie möglich. Ich erwarb notwendige Dinge mit dem Geld, das ich mir erspart hatte. Damit besaß ich sie ohne zusätzliche finanzielle Belastungen wie zum Beispiel bei einem Kredit. Aus diesem Grund habe ich nie einen Wagen geleast oder dafür sogar ein Darlehen aufgenommen. Ich kaufte das Auto, das ich mir zum jeweiligen Zeitpunkt leisten konnte. Oftmals beschränkte sich das auf einen Gebrauchtwagen. Als ich ein Haus erwarb, bezahlte ich es, ohne einen Kredit aufzunehmen. Auf diese Art musste ich mir keine Sorgen um die monatlichen Raten machen.

Mehr als all die anderen Besitztümer steht das Haus für meine Sicherheit. Ich wohne da nun schon seit vier Dekaden, habe dort die schönsten und schlimmsten Momente in all den Jahren erlebt. Und es gab niemals auch nur einen Augenblick, an dem ich an einen Umzug gedacht hätte.

Ich unterscheide mich nicht von anderen Menschen. Ich mag glitzernde Gegenstände und Männerspielzeug. Doch materielle Dinge machen für mich kaum den Unterschied aus. Ich kann mir mittlerweile das Fahren von wunderschönen Autos erlauben, und ich genieße es. Aber auch ohne sie würde es mir gutgehen. Ich habe Pferde und liebe sie, doch wenn ich keine besäße, würde ich mir eben stundenweise ein Pferd auf einem Reiterhof mieten. Man kann mich sicherlich nicht als prahlerischen Menschen bezeichnen.

Schon vor langer Zeit wurde mir klar, dass die wichtigen Dinge des Lebens nicht vom Geld abhängen: meine Frau Liz, meine Töchter und ihre Familien. Die Hunde. Das Reiten. Menschen einzuladen, deren Anwesenheit ich genieße, und mit ihnen zusammen *Monday Night Football* zu schauen. Neueröffnete Restaurants zu entdecken. Der Luxus, kreativ zu sein und mit dem Schauspielern, Schreiben und Produzieren weiterzumachen. Die Möglichkeit des Reisens und von Abenteuern. Natürlich meine Gesundheit. Und das Haus.

Der Ort mit dem Licht im Fenster. Als ich mit regelmäßigen Fernsehauftritten begann, kaufte ich ein Haus in Beverly Hills. Es war nicht für mich, sondern für meine Kinder, die dort mit ihrer Mutter lebten. Es lag nicht in der vornehmsten Gegend in Beverly Hills, doch es erlaubte ihnen, die dortigen wunderbaren Schulen zu besuchen.

Ich hingegen wohnte in einer kleinen Hütte in Studio City. Jeden Tag rannte ich eine Runde von drei Meilen durch die Hügel. Von dort aus sah ich ein wunderschönes Gebäude auf einer Anhöhe. Ich träumte davon, irgendwann einmal so erfolgreich zu sein, um dieses Haus zu besitzen. Eines Tages schritt ich endlich die Auffahrt hoch und fragte: „Ist das Haus zu verkaufen?"

„Wissen sie", wunderte sich der Besitzer, „das ist verdammt noch mal so! Ich habe es gerade angeboten!" Ich rannte zum Maklerbüro, stellte mich in die Schlage und erwarb es für 100.000 Dollar. Seit damals lebe ich in dem Haus. Es hat sich – so wie ich – verändert. Ich habe es drei Mal fast vollkommen umgebaut. Neue Nachbarn zogen ein, ihre Familien wuchsen auf und zogen später wieder weg. Ich blieb, da ich mich daran gewöhnt habe und mich dort wohlfühle. Es war für mich immer das Haus mit dem Licht im Fenster. Man schaut aus den Fenstern und kann sowohl den Sonnenaufgang wie auch den Sonnenuntergang erleben. Es ist das Haus, in dem Nerine starb, wonach wir eine indianische Zeremonie durchführten, damit ihr Geist Ruhe fände. Im Garten begrub ich zwei Hunde unter den Obstbäumen. In diesem Haus wurde die Geschichte meines Lebens geschrieben. Warum sollte ich an einem anderen Ort wohnen wollen? Weil ein neues Haus über größere Schlafzimmer verfügt?

Die Erinnerung an die Beschwernisse früh im Erwachsenenleben bestimmt immer noch mein heutiges Dasein. Ich weiß, dass ich finanziell abgesichert bin, doch ich fühle mich nicht so. Wie ich gelernt habe, sind meine Emotionen hinsichtlich der Finanzen nicht rational – und damit gehöre ich ironischerweise zur Mehrheit. Die Angst vor Schulden hat mich mein Leben lang geplagt, und ich schätze mal, dass sie zum jetzigen Zeitpunkt auch nicht mehr verschwinden wird. Für mich gleicht das einer emotionalen „Krimskrams-Schublade", einem Aufbewahrungsort für dieses und jenes ganz hinten im Bewusstsein, den man, wenn man ein wenig Freizeit hat, vielleicht entrümpeln wird. Tja, ich habe mich mittlerweile mit der Tatsache abgefunden, dass ich mit einer unaufgeräumten Schublade sterben werde. Andere müssen sie einmal durchwühlen und sich die Frage stellen: Was zum Teufel ist denn das, und warum hat Bill es aufgehoben? Ich habe längst akzeptiert, mich niemals vor der Angst des finanziellen Versagens zu befreien. Stattdessen lernte ich, damit zu leben.

Ich gebe immer noch wenig Geld für mich selbst aus und bin mit meinem Leben vollkommen zufrieden. Ich benötige nichts Größeres, Besseres oder Glänzenderes, damit sich mein Dasein verwandelt, denn ich will es gar nicht verändern. Fast alle drängen mich ständig dazu, mehr Geld für mich selbst auszugeben. „Lass es dir doch gutgehen", sagen sie mir. Als Antwort erkläre ich ihnen, dass es mir prächtig gehe. Ich mache das, was mich glücklich macht – mit den Menschen, die mich glücklich machen.

Als ich noch wesentlich jünger war, stellte ich mir die Frage – wie viel andere auch –, was ich in meinem Leben ändern würde, könnte ich mich plötzlich in finanzieller Sicherheit wiegen. Die Antwort, die ich mir gab, lautete im Grunde genommen: „Nichts." Ich liebte das, was ich machte, und konnte mir nicht vorstellen, in einer anderen Tätigkeit mehr Zufriedenheit zu finden. Und dann – als die Jahre ins Land zogen – verdiente ich mir die finanzielle Sicherheit. Ich konnte es mir leisten, alles zu machen, was ich wollte – oder sogar gar nichts. Wie sich herausstellte, hatte ich recht gehabt, denn ich machte so weiter wie bisher. Obwohl mir – und das muss ich zugeben – ein besseres Auto zur Verfügung stand. Und natürlich schlief ich nachts besser.

Es wird gesagt, dass man sich die Gesundheit nicht erkaufen kann, doch das Geld hilft bei der Erhaltung der Gesundheit. Sie ist kein Zufall, sondern ein Thema, über das man sich informieren muss. Das Wissen ist direkt verfügbar. Jedoch hatte ich zusätzlich Glück. Ich trat auf kein elektrisches Kabel mit offenliegenden Kupferadern und vermied es, von einem Wagen angefahren zu werden. Und ich hatte das optimale „Gespür" für Eltern mit guten Genen. Meine Eltern und Großeltern machten mir das Geschenk einer robusten Gesundheit. Dazu habe ich meine eigene Philosophie. Im Laufe der Geschichte wurden die Juden unterdrückt, in der alten Geschichte schufteten sie sogar als Sklaven. Die Überlebenden waren sicherlich schlau und körperlich fit. Diese Charakteristika wurden in all den Jahrhunderten genetisch weitergegeben. Nun, ich weiß nicht, ob das tatsächlich stimmt oder nicht, aber es erscheint mir schlüssig.

Das Geschenk der guten Gesundheit ermöglicht erst alles Weitere. Ohne sie wäre das Leben ein immerwährender Kampf. Schon allein, aufzustehen, bedeutet für einige die größte Mühsal des Tages. Diese Menschen haben keinen Platz für Liebe oder etwas anderes, sie sind im Überlebens-Modus.

Zugang zu guten Ärzten und medizinischer Versorgung ist wichtig, aber noch nicht genug. Eine gute Gesundheit ist das Resultat täglicher Aktivitäten, sieht man mal vom Glück im „Gen-Pool“ ab. Lange Zeit habe ich die wissenschaftliche Medizin aufmerksam verfolgt und ihre Ratschläge zur Stabilisierung der Gesundheit beachtet. Ich las Bücher und Magazine und baute das dadurch gewonnene Wissen in das tägliche Leben ein. Wenn Forscher unvermittelt bekanntgaben, dass alle bisherigen Empfehlungen falsch seien, und diese komplett verändert wurden, folgte ich den neuen Tipps.

Zusätzlich zu einer guten genetischen „Ausstattung“ erfordert optimale Gesundheit Aufmerksamkeit für die Themen Ernährung, Training und damit einhergehend für die mentale Einstellung. Wenn mir jemand erzählt, dass er eine Erkältung bekomme, erkläre ich ihm, nie Erkältungen zu bekommen, niemals krank zu sein. Ich beschreibe das so: Ich werde so lange nicht krank, bis mich jemand an die Krankheit erinnert.

Die Grundlage der Gesundheit liegt in der wechselseitigen Beziehung von Körper und Geist. Wir wissen, dass Menschen, die an eine schnelle Genesung glauben, auch tatsächlich schneller gesund werden. Sich dieses Wissen zunutze zu machen, ist von entscheidender Bedeutung – die Kraft des Geistes freizusetzen, um den Körper zu schützen oder zu heilen.

Das Wissen, das für ein Individuum wichtig ist, beinhaltet jedoch ein Problem, denn die Erhaltung der Gesundheit geht mit einem substanziellen wirtschaftlichen Wert einher. Das trifft besonders auf Geschäftsleute zu, die geradezu ein Universum verschiedenster Mittel und Mittelchen offerieren, die uns angeblich gesund halten. Ich tendiere hier dazu, einer Regel zu folgen: Wenn es viel zu gut klingt, um wahr zu sein, ist es in den meisten Fällen nicht wahr.

Vitamine und Nahrungsergänzungsmittel sind ein Multimilliarden-Markt. Realistisch betrachtet liegen kaum belastbare Beweise vor, dass die Produkte einen tatsächlichen Wert haben – nur für die Geschäftsleute, die die Produkte verkaufen. Die meisten Menschen nehmen die benötigten Vitamine schon mit ihrer Nahrung auf. Die Ausnahme scheint Vitamin D zu sein, das streng genommen kein Vitamin, sondern ein Prohormon ist. Niemand kann die Wirkung exakt bestimmen, doch es liegen einige Beweise vor, dass Vitamin-D-Mangel mit verschiedenen schweren Krankheiten und einer schlechten Allgemeinverfassung zusammenhängt. Bei den meisten im Westen oder im Süden lebenden Menschen wird die Vitamin-D-Zufuhr durch das Sonnenlicht geregelt, doch jene, die nördlich der Mason-Dixon-Linie leben, besonders im Nordwesten und Mittleren Westen, können auf natürlichem Weg nicht genug davon absorbieren und sollten ein Ergänzungsmittel zu sich nehmen. Was die anderen Vitamine und Ergänzungsmittel anbelangt, habe ich immer fest daran geglaubt, dass sie zwar ein positives Gefühl vermitteln, aber keinen realen Wert darstellen.

Ich wurde in dieser Hinsicht bislang noch nie Opfer falscher Versprechungen. Ich bin viel zu skeptisch, als dass mich jemand mit dem Versprechen hereinlegen könnte, über Nacht gesund zu werden. Möglicherweise bin ich so einem Betrug jedoch auch nur knapp entgangen. Ich kenne mich ein wenig in der chinesischen Pharmakologie aus sowie in der ayurvedischen Medizin Indiens und halte es für sinnvoll, sie auszuprobieren. Ich selbst versuche, entsprechende Tipps zu befolgen. Wenn ich davon lese, dass Rote Beete den Blutdruck innerhalb von 20 Minuten nach dem Verzehr senkt, esse ich Rote Beete. Warum auch nicht, denn soweit ich weiß, ist noch niemand an einer Überdosis Rote Beete gestorben! Mir ist die Möglichkeit durchaus bewusst, dass sie uns vielleicht unwirksame Heilmittel in Hülle und Fülle andrehen, doch die Neugier treibt mich dazu, es zumindest zu versuchen.

Natürlich wollen wir alle wissen, was gut für uns ist. Momentan befinden wir uns mitten in der Revolution des biologischen Anbaus. Angeblich sollen auf diese Art produzierte Lebensmittel sehr gesund für uns sein. Eventuell trifft das zu, doch es gibt kaum wissenschaftliche Belege, die das untermauern.

Als ich aufwuchs, wussten wir so gut wie gar nichts über einen gesunden Lebenswandel. Mein Vater strebte nur eins an – dass es seiner Familie in allen Belangen gutging. Damals bedeutete das Fleisch zum Abendessen und Kuchen oder ähnliche Süßigkeiten zum Nachtisch. Wir wussten nicht, dass Zucker schädlich sein konnte. Wir wusste nichts über die Vorzüge von Gemüse und Obst, hatten noch nicht mal den blassesten Schimmer, dass uns das Rauchen umbrachte, und überhaupt keine Vorstellung davon, worauf man achten muss. Ich erinnere mich an einen Kinobesuch, bei dem ich den unglaublich vitalen Schauspieler und Regisseur Paul Henreid sah, der sich zwei Zigaretten zwischen die Lippen steckte, beide anzündete, danach eine seiner glamourösen Lady reichte, woraufhin die beiden zufrieden zusammen pafften. Das Rauchen wurde damals als romantisch angesehen. Wer konnte es schon wissen?

Langsam, aber sicher wurde das Thema Gesundheit von einem persönlichen Wunsch einzelner zu einer Industrie transformiert. Die Regierung erklärte uns, was gut und schlecht für uns sei. Man illustrierte die Ernährungspyramide, wodurch jeder die gesundheitlichen Charakteristika verschiedener Nahrungsmittel einschätzen kann. Ich verfolgte das alles sehr aufmerksam.

Vor einigen Jahren befand ich mich auf dem Weg zu einem Dinner mit Dr. Mehmet Oz und einem seiner Freunde, einem Kardiologen. Auf dem Weg ins Restaurant las ich einen Artikel in der *New York Times*, in dem behauptet wurde, die Ernährungspyramide sei falsch. Statt viele Kohlenhydrate und wenig Fleisch und Fett zu sich zu nehmen, sollten wir nun mehr Fleisch und Fett und wenig Kohlenhydrate verzehren.

Beim Abendessen fragte ich die beiden, ob sie mir die Trendwende erklären könnten. Die beiden Ärzte saßen mir mit einem verschämten Ausdruck gegenüber, ähnlich Teenagern, die man beim „Fummeln" mit der Nachbarstochter erwischt hatte. Sie konnten mir keine Erklärung präsentieren, denn auch ihnen hatte man dasselbe Wissen wie auch uns eingetrichtert.

Also: Was wir zu wissen glauben, verändert sich ständig. Allerdings gibt es einige gesicherte Informationen, die in ihrer Eindringlichkeit überzeugen. Sie sind gesetzt und unverrückbar und werden sich nicht ändern. Zuallererst gab ich das Rauchen für meine Gesundheit auf. Ich rauchte, da ich genauso kultiviert wie Paul Henreid erscheinen wollte. Ich wünschte mir, zwei Zigaretten anzustecken und eine davon locker-lässig Bette Davis zu reichen, die daran verführerisch ziehen würde – bis zum Moment, in dem sich die Liebe entflammt!

Und dann veröffentlichte der Surgeon General, verantwortlich für den öffentlichen Gesundheitsdienst, 1964 eine Studie, die postulierte, dass Rauchen tödlich sei. Die Unverrückbarkeit der Tatsachen war ein eindeutiger Grund, die romantischen Aspekte im Keim zu ersticken. Ich hörte ungefähr drei Jahre später auf. Wir drehten gerade *Raumschiff Enterprise* und befanden uns zu viert in einer Limo auf der Fahrt zu einer Werbeveranstaltung. Wir unterhielten uns über den Surgeon General, und alle erklärten ihre Absicht, das Qualmen einzustellen. Einer sagte, er werde es tun, um seine Disziplin unter Beweis zu stellen. Als ich an die Reihe kam, erklärte ich, dass der Grund meine Töchtern seien, die mich nicht küssen wollten, Grimassen zögen und mir vorwerfen würden, dass ich nach Zigaretten stinke. Wir öffneten das Fenster und warfen alle die Zigarettenschachteln raus. (Auch die Umweltverschmutzung wurde damals auf die leichte Schulter genommen.) Ich rauchte privat dann nie wieder eine Kippe. Aus was für einem Grund auch immer, war es für mich nicht sonderlich schwierig, nachdem ich erst mal den Entschluss gefasste hatte – ich hatte Glück.

Unglücklicherweise konnte Leonard Nimoy nicht mit dem Rauchen aufhören, an dessen Folgen er schließlich auch verstarb. Nachdem man bei ihm die schwere Lungenerkrankung COPD diagnostiziert hatte, fragte er mich mehrere Male: „Bill, warum hast du mich nicht zum Aufhören gebracht?" Doch niemand kann einen Suchtabhängigen zu etwas „bringen". Wir können lediglich Fakten zitieren: Rauchen tötet. Da bestehen gar keine Zweifel. Darüber hinaus verursacht es mehrere chronische Krankheiten, die das Leben erschweren. Somit sollte eine Raucherentwöhnung an erster Stelle auf einer Liste gesundheitsfördernder Maßnahmen stehen.

Als Nächstes kommt der Sport. Rauchen verkürzt das Leben, Sport verlängert es. Ich bin ständig aktiv gewesen und werde es immer sein. Obwohl ich nie viel Zeit in einem Fitnesscenter verbrachte, habe ich Wege gefunden, mich sportlich zu betätigen. Ich bin glücklicher Besitzer eines beheizten Pools, in dem ich renne! Die meisten schwimmen, doch ich bringe es dabei nur auf zehn Bahnen, und so renne ich eben 30 Minuten lang wie ein Wilder durch das Becken. Wenn ich zuhause bin, versuche ich, täglich zu trainieren. Es ist eine anstrengende Betätigung, aber wenn die Sintflut kommt, kann ich einfach durch die Wellen laufen.

Ich bin in vielerlei Hinsicht aktiv. Mit 87 Jahren stemme ich mehrmals am Tag zwei 12,5-Kilo-Gewichte. Früher machte ich regelmäßig einen Dauerlauf, doch heute spaziere ich so oft wie möglich, was aufgrund meiner Operation leider nicht so häufig ist. Mein Lieblingssport ist nach wie vor das Reiten. Es fördert Bewegungsfähigkeit, Muskelstärke und Ausdauer. Ohne eine anständige Kondition führt das Reiten zur Erschöpfung, zu Muskelkater und einem allgemeinen Unbehagen. Ich reite so oft wie möglich, wenn ich mich in L.A. aufhalte, meist einige Male in der Woche.

Was die Ernährung anbelangt, darf ich mich über „das Geschenk" namens Elizabeth Shatner freuen, die sich leidenschaftlich für gesundes Essen interessiert. Ich bin ein „erfahrener Esser" und seit mehr als acht Jahrzehnten erfolgreich darin. Allerdings habe ich die Ernährung umgestellt, obwohl ich weiß, wie unzuverlässig die tatsächliche Datenlage zu dem Thema ist. Ich bezeichne mich nicht als Vegetarier, doch esse viel weniger Fleisch als früher. Und obwohl mir nicht klar ist, ob es tatsächlich einen Unterschied ausmacht, fühle ich mich damit besser. Darüber hinaus habe ich gelernt, mich von Brot fernzuhalten, da die darin enthaltenen Kohlenhydrate sich sofort in Zucker umwandeln, der Diabetes verursachen kann. Elizabeth und ich sind keine wählerischen, sondern bedächtige Esser. Sie tut ihr Möglichstes mit Salaten, Gemüse und getreidefreiem Brot. Hätte man mir vor Jahren erzählt, dass ich einmal den Geschmack knackiger Rote Beete „lobpreisen" würde, hätte ich das sicherlich angezweifelt. Doch Liz schneidet sie in kleine Stücke, legt sie in eine Pfanne mit Olivenöl und erhitzt sie, bis sie knusprig sind. Es ist ein köstliches Gemüse, das man mit nahezu allem belegen kann.

Ist das gesund? Ich glaube daran, und darum ist es gesund. Zur Aufrechterhaltung der Gesundheit ist nichts wichtiger als die mentale Einstellung. Einige glauben daran, dass die Meditation einen bedeutenden Unterschied hinsichtlich der Gesundheit markiert, und wenn sie daran glauben, ist es für sie so. Wir glauben, so viel zu wissen, doch wir wissen nur sehr wenig. Uns stehen nur minimale Informationen zu Verfügung über die Bedeutung einer positiven mentalen Einstellung für eine gute Gesundheit. Wir haben einige Beweise, dass Lachen die Gesundheit beeinflusst und dass Placebos effektiv sein können, manchmal sogar effektiver als die Medikamente, mit denen sie in klinischen Studien verglichen werden. Es gibt jedoch keinen wissenschaftlich nachweisbaren Grund für das Phänomen, abgesehen von der Tatsache, dass die Person, der das Placebo verabreicht wurde, an dessen Wirksamkeit glaubt.

Ich kenne Menschen, die erst dann krank werden, wenn sie ihre Projekte beendet haben. Sie sind in der Lage, die Dämonen fernzuhalten, während sie noch ihre Arbeit erledigen müssen. Gönnen sie sich dann ein wenig Entspannung, scheinen sie sich gleichzeitig die „Erlaubnis" zum Krankwerden zu geben.

Ich spreche niemals über mein gesundheitliches Befinden. Höre ich andere über ihre physischen Probleme reden, scheinen sie sich stets übertrumpfen zu wollen. „Ich muss mein Knie ersetzen lassen." (Okay, ich gehe mit dem Knie mit und erhöhe um eine Hüfte!)

Aber niemand möchte etwas über die Probleme anderer hören. Falls sich jemand nach meinem Befinden erkundigt, antwortete ich immer: „Ausgezeichnet." Ich sage das, egal wie es mir tatsächlich geht, denn ich vertrete die Meinung, dass ein Mensch sich selbst verführen kann, denken kann, dass er gesünder ist, als es der Realität entspricht. Bekommt man eine Erkältung – die nicht ansteckend ist –, hilft es sicherlich nicht, im Bett zu bleiben. Sie liegen nur herum und klagen, wie schlecht es Ihnen geht. Falls Sie aufstehen können, stehen Sie auf, gehen Sie nach draußen, und bewegen Sie sich. Ich rede hier natürlich nicht über eine ernste Erkrankung, denn das ist eine vollkommen andere Situation. Doch was eine Zahl von kleineren Beschwerden anbelangt, glaube ich daran, dass man sich ein besseres Befinden einreden kann wie bei einer Autosuggestion.

Und schließlich – schlafen Sie ausreichend. Für einen Schauspieler stellt der Schlaf immer ein schwieriges Problem dar. Bei der Arbeit ist man oft so beschäftigt, den Text zu lernen, zu proben und den Charakter zu entwickeln, dass nicht genügend Zeit für Schlaf bleibt. Arbeitet ein Schauspieler beim Theater, ist er nach einem Auftritt häufig so aufgedreht, dass an Schlaf nicht zu denken ist. Hat man kein Engagement, packt einen die Angst „Vielleicht war es das, vielleicht ist meine Karriere beendet." Gelingt es schließlich doch, die Furcht zu überwinden, ist der Schlaf meist dennoch unruhig.

Aber nicht nur Schauspieler kämpfen um den Schlaf, denn das trifft auf die meisten zu. Vor Jahren führte ich ein Gespräch mit einem Arzt, der mir zur einzigen Therapie gegen Schlaflosigkeit riet, die vielversprechend ist: „Schlafen Sie ausreichend."

Ironischerweise habe ich das Leben mit dem Traum verbracht, mehr schlafen zu können. Meist ohne Erfolg. Scheinbar gibt es immer noch mehr zu tun, als Zeit vorhanden ist. Doch Schlaf ist für eine gute Gesundheit essenziell. Der Körper braucht Zeit, um sich zu regenerieren und zu heilen. Experten empfehlen für einen Erwachsenen jede Nacht sieben bis achteinhalb Stunden. Schlaf ist einer der wichtigsten gesundheitlichen Faktoren. Ich kenne Menschen, die sich so sehr um ihren Schlaf sorgen, dass sie dadurch stundenlang wachbleiben …

Was ich lernte: Es existieren verschiedene Schritte, die wir alle zur Aufrechterhaltung der Gesundheit unternehmen können. Es gibt jedoch keine Geheimformeln oder magische Zaubertränke, denn es kommt auf die Balance an. Rauchen Sie nicht. Bleiben Sie aktiv. Essen Sie vernünftig. Erinnern Sie sich an Ihr Wohlbefinden. Und versuchen Sie, so viel zu schlafen, wie es gut für Sie ist. Für mich war das optimal – zumindest bis jetzt.

6. Die seltsame Suche nach Abenteuern

Während meines gesamten Erwachsenenlebens habe ich versucht zu verstehen, wer ich bin und was genau dieses wunderbare Geschenk des Lebens ist, das uns allen gegeben wurde. Denke ich darüber nach, tauchen einige profunde Fragen auf, darunter: Was zum Teufel mache ich hier? Wie bin ich „hier rein gekommen"? Und – vielleicht noch wichtiger: Wie kommen ich „hier wieder raus"?

Ich sehe mich nicht als Abenteurer, was bedeutet, dass ich gefährliche Situationen vermeide. Wahrscheinlich bin ich niemand, den man in ein rund 30 Meter langes Segelboot setzt und der in unbekanntes Terrain vordringt in dem Glauben, dass Dämonen unter der Wasseroberfläche lauern. Ich setze die Abenteuerlust oder das Eingehen eines Risikos nicht mit einer Mutprobe gleich. Man kann mich eher als einen Menschen charakterisieren, der versucht, seine Neugierde zu befriedigen. Und aus exakt diesem Grund steckte ich oftmals in gefährlichen Situationen.

Mit zunehmendem Alter taucht die Erwartungshaltung auf, man hätte Weisheit erworben. Weise und Gurus werden niemals als junge Männer oder Frauen beschrieben, sondern meist als alte Männer, die sich manchmal in geheimnisvollen Worten mitteilen. Es sind Menschen, die auf Berggipfeln sitzen oder sich an entlegenen Orten aufhalten und angeblich das Geheimnis des Lebens entdeckt haben –

und bereit sind, es mit anderen Menschen zu teilen, die nach … der Antwort suchen.

Während meiner Schauspielkarriere bin ich vielen solchen Menschen begegnet, habe jedoch nur einmal einen gespielt. In der Sitcom *Third Rock From The Sun* kreierte ich die Rolle des Big Giant Head. Big Giant Head war der Kommandant von vier Aliens, die getarnt als Menschen auf der Erde leben. Seine Rolle wies ihn als nicht sonderlich klugen Mann aus. Wurde er herausgefordert, fiel die Antwort simpel aus: „Das Geschrei wird enden und das Töten beginnen!"

Da ich nun mehr als acht Jahrzehnte lebe, nehmen die Leute fälschlicherweise an, dass ich das Wissen eines Weisen erlangt habe. Und so stellt man mir die Frage: Was ist das Geheimnis des Lebens?

Hier ist die Antwort: Wüsste ich es, wäre es kein Geheimnis mehr. Ich würde es so laut wie möglich herausschreien, so laut, dass es jeder hören kann: „Hier ist es! Hier ist das Geheimnis des Lebens!"

Für mich war die Antwort ganz einfach: weiterleben. Ich habe mich immer neuen Erfahrungen geöffnet. Vor allem lautet meine Lebensphilosophie: Sage ja, ja zum Leben. Und das ist nun mal wirklich kein Geheimnis. Ich weiß nicht, woher das Bedürfnis stammt, die Sicherheitszone zu verlassen und nach Abenteuern zu suchen. Im Grunde genommen müsste ich mich gegensätzlich verhalten. Ich verspüre eine schreckliche Angst vor der Einsamkeit und habe mich dennoch während des gesamten Lebens aus liebenden Armen befreit und mich in die Welt aufgemacht, ohne zu wissen, wohin der Weg mich führt. Manchmal empfinde ich es als völlig unverständlich, warum ein Mensch, der sich so sehr nach der Wärme bekannter Orte sehnt, versucht, Schauspieler zu werden. Das Metier ist sicherlich eine der am wenigsten kontrollierbaren Professionen. Dort findet man keine Sicherheit, denn das Denken des „Ich hoffe, ich bekomme einen neuen Job" herrscht vor. In anderen Berufen folgt man einem bekannten Pfad: Man besucht die Schule, lernt sein Handwerk, nimmt an den jeweils nötigen Kursen teil und wird Arzt, Rechtsanwalt, Haushaltsgerätemechaniker, Klempner oder Lehrer. Und warum soll ein so unsicherer Mensch wie ich Schauspieler werden?

Dr. Phil, ich rufe Dr. Phil.

Der einzige mir nachvollziehbare Grund ist meine Abenteuerlust. Ich muss mich kontinuierlich mit Herausforderungen konfrontieren, brauche diesen Nervenkitzel. Ich machte mich auf den Weg mit rein gar nichts: kein Geld, keine Kontakte, keine realistischen Aussichten. Es war zugleich schrecklich einschüchternd und unglaublich aufregend. Als ich Montreal verließ, begab ich mich in die fremden und für mich damals weit entfernten Städte Toronto und Ottawa. Ich hatte keine Wohnung, keine Freunde und noch nicht mal Bekannte. Ich lebte in den billigsten Buden, die man auf dem Markt anbot. Aber so schlimm es auch war – ich wusste, dass ich mitten in einem Abenteuer steckte. Was am nächsten Tag geschehen würde – das konnte niemand vorhersehen. Ich lebte noch nicht mal in der Hoffnung, dass das Telefon plötzlich klingeln und sich mein Leben schlagartig ändern würde, denn ich besaß gar kein Telefon.

Manchmal beschwöre ich eine Erinnerung herauf: Ich liege auf einer groben Seilmatratze in einem Dachbodenzimmer im fünften Stock und bin so einsam, dass ich weinen will. Ich weiß, dass ich mir den Verschlag mit Mäusen teile, und habe mich langsam daran gewöhnt. Doch tief im Innern spüre ich, dass ich mich mitten in einem großen Abenteuer befinde.

Was auch immer geschehen mochte, so fand ich doch Trost im Wissen, nicht das Leben meines Vaters führen zu müssen. Ich habe niemals das Gefühl verloren, dass etwas Interessantes, Faszinierendes und vielleicht sogar Aufregendes direkt vor mir liegt, wenn ich nur den Mut hätte, mich dafür zu öffnen.

Wissenschaftler können mittlerweile Untersuchungsergebnisse vorlegen, dass neue Erfahrungen neue Gehirnzellen bilden. Die Logik ist unwiderlegbar: Aktive Menschen nehmen am Leben länger teil als lustlose und träge. Ich bin in der Lage gewesen, mir die Abenteuerlust zu bewahren. Also setze ich mich aufs Motorrad, reite, reise zu fremden Orten und versuche ständig, meinen Horizont zu erweitern und zu lernen.

Um bei der Wahrheit zu bleiben – ich habe niemals bewusst mein

Leben aufs Spiel gesetzt –, das geschah einfach. Doch das intensive Gefühl einer lebensbedrohlichen Situation, das Gefühl, ganz in das Leben einzutauchen und es zu spüren, ist überwältigend und unvergesslich. Besonders, wenn ich wieder sicher auf festem Boden stehe.

Diese Erfahrungen machen das Leben so lebenswert. Ich habe mich lange am Motorschirmfliegen erfreut. Im Grunde genommen ist es die Verwirklichung des menschlichen Traums, Ikarus zu sein. Man benötigt dazu lediglich einen kleinen Motor, an dem ein Drachen angebracht ist. Ich erlernte den Sport an den Stränden von Ventura, wo meist genügend Winde vorzufinden sind, und flog sprichwörtlich mit den Vögeln. Es ist eine wundersame Erfahrung, die durch die Tatsache noch aufregender wird, dass es gefährlich werden kann. Wir alle haben das Versagen von Power-Rasenmähermotoren erlebt, und es handelt sich hier im Grunde genommen um ein ebensolches Modell.

In meinem Leben findet sich eine stattliche Reihe normaler Ängste, darunter die Höhenangst. Vielleicht liegt das an dem Mann, den ich auf der Tragfläche eines … oh, nein, das war ja in *The Twilight Zone*. Es mutet wie Ironie an, dass mich Höhen ängstigen, man mich aber am ehesten als den Captain einer Sternenflotte kennt. Doch ich habe es nie zugelassen, dass die Angst mich einschränkt oder behindert. Bot sich mir die Möglichkeit, Paramotoring auszuprobieren, machte ich das und liebte es von der ersten Sekunde an. Dann fand ich mich 30 Meter in der Luft wieder, schaute auf den Strand hinunter und ließ mich in den unregelmäßig aufströmenden Thermalwinden treiben, als seien sie unsichtbare Wellen. Das dumpfe Tuckern des Motors hinter mir war das einzige Geräusch, das ich noch hörte. Ich nutzte jede Gelegenheit zum Fliegen.

Als man mich zu besagtem historisch einzigartigen Paintball-Wettstreit einlud, hatte ich eine großartige Werbeidee: Ich wollte mit dem Drachen einfliegen. Yeah! Yeah! Alle hielten das für einen tollen Einfall. Ein Paramotoring-Club schmiedete Pläne, um mit mir zu fliegen.

Das Gelände lag ungefähr drei Meilen vom Startpunkt entfernt, doch die Flugroute führte uns über den Ohio River. Das machte mir ein wenig Sorgen. Darüber hinaus wusste ich nichts über den Landplatz, bis auf die Tatsache, dass da einige dicken Felsen waren, die man auf jeden Fall meiden musste. Auch wusste ich nichts über die vorherrschenden Windverhältnisse.

Ich hatte schon einige Erfahrungen gesammelt, war aber lange noch kein Experte. Die Club-Mitglieder versicherten mir, dass es sicher sei: „Wir haben eine Karte angefertigt." Zumindest sprach niemand die schicksalsträchtigen Worte: „Was kann schon schiefgehen?"

Der Tag war warm und schön. Ich legte den 5-Punkt-Sicherheitsanzug an, umklammerte die Kontrollen und hob ab. Man steuerte den Antrieb des Drachens mit einer sogenannten Totmannschaltung, was dem Motorradfahren ähnelt. Gibt man Gas, wird genügend Benzin in den Motor eingespritzt, um in der Luft zu bleiben, lässt man den Drehgriff geringfügig los, verringert sich die Umdrehungszahl des Propellers, und der Drachen gleitet langsam nach unten. Lässt man ihn ganz los, stoppt der Motor. Während man die Spritzufuhr regelt, bedient man mit derselben Hand die Steuerung des Drachens, den man nach links, rechts, oben oder unten lenken kann. Ich hielt also zwei Kontrollen in der rechten Hand, die mich beide entweder in der Luft schweben oder zu Boden sinken ließen.

Wir hoben ab, und die ersten Minuten des Flugs waren perfekt. Ich folgte einigen Männern über eine malerische Landschaft. Plötzlich erkannte ich den Ohio am Horizont, dem wir uns näherten. Der breite Ohio. Der sehr breite Ohio. Als wir den Fluss erreichten, entdeckte ich die parallel dazu verlaufenden Stromtrassen mit Überlandkabeln. In dem Moment wurde mir gewahr, dass eine gefährliche Situation vor mir lag. Käme ich in eine Turbulenz, könnte sie mich direkt zu den elektrischen Kabeln hinunterziehen. Ich spürte, wie die rechte Hand zu schwitzen begann.

Tja, das war nicht unbedingt günstig, denn die Kontrollen entglitten meinem Griff. Als wir die Trasse überflogen, schwitzte ich aus allen Poren. Ich flog über dem Fluss, direkt auf starke Winde zu, wodurch sich die Geschwindigkeit von rund 40 Stundenkilometern auf wahrscheinlich nur noch 10 Stundenkilometer reduzierte.

Meine Hand war klitschnass, und ich begann langsam zu sinken. Das Problem: Ich hing in einer schweren Takelage. Würde ich auf dem Wasser landen, ginge ich direkt unter. Der Gasgriff rutschte mir aus der Hand, doch dann gewann ich zum Glück die Kontrolle wieder zurück!

In solchen Momenten denkt man nicht: „Junge, was für ein tolles Abenteuer! Ich kann es kaum erwarten, meiner Familie davon zu berichten." Tatsächlich dachte ich in dem Moment: „Was zum Teufel mache ich hier?" Und dann: „Wie bin ich hier nur reingeraten?" Und was am wichtigsten war: „Wie komme ich hier wieder raus?" Ich konnte den Gasgriff kaum mehr halten. Mit ausreichend Mut hätte ich ihn kurz ganz losgelassen und dann wieder neu gegriffen, bevor der Motor ausgeht.

Ich hatte aber nicht den Mut dazu. Ich umklammerte den Griff sprichwörtlich mit dem kleinen Finger. Bis zu dem Augenblick war mir nie bewusst gewesen, wie viel Kraft ich damit aufbrachte. Es dauerte „ungefähr unendlich" lange, bis ich den „Ohio – verdammt noch mal – River" überquert hatte. Schließlich entdeckte ich den Landeplatz und suchte nach Rauch oder Flaggen zur Bestimmung der Windrichtung, doch ich fand keine Indikatoren. Glücklicherweise sah ich weder einen Fluss noch Kabel, sodass ich wusste, dass ich schon irgendwie heil runterkäme. Ich beobachte die anderen Teammitglieder bei ihrem sanften Aufsetzen und folgte ihrem Beispiel.

Als meine Füße sicher den Boden berührten, wurde aus der beängstigenden Erfahrung ein heldenhaftes, großartiges Abenteuer.

Ich weiß nicht, warum ich mich immer wieder in eine solche Lage begebe, doch ich tat es während meines gesamten Lebens. Ich weiß, dass ich ein intelligenter Mann bin, der aber bestimmte Situationen nicht ordentlich durchdenkt. Ich mache es aus dem Bauch heraus. Bekannte von mir nähern sich solchen Überlegungen mit einem anderen Ansatz. Müssen sie eine Entscheidung fällen, denken sie vom Ende her zurück. Sie stellen sich das möglicherweise schlechteste Resultat vor und richten ihre Entscheidungen danach aus. Wird schlechtes Wetter vorhergesagt, verlassen sie das Haus nicht, weil sie befürchten, dass es zu gefährlich ist, die Straßen zu befahren. Sie zögern, eine Flugreservierung schon Monate vor dem Termin vorzunehmen, da es an dem Tag möglicherweise schneien könnte. Einige Menschen verharren in einem übervorsichtigen Daseinsmodus. Für mich wäre das so, als würde ich mein Leben mit angezogener Handbremse leben.

Müssen sie sich dem Lockruf der Natur stellen, erklären diese Menschen, der Anrufer habe die falsche Nummer gewählt. Werde *ich* mit der Natur konfrontiert, gehe ich dem nach. Es ist sicherlich nicht immer die klügste Entscheidung, aber so bin ich nun mal.

Ich kann mich einfach nicht wie diese Menschen verhalten. Uns allen bietet sich die Chance der Entscheidung. Verharre ich in einer angenehmen Situation, oder trete ich in das grelle Sonnenlicht hinaus, wo ich verletzlich bin? Wie viel Risiko will ich eingehen? Das ist die grundlegende Frage. Die meisten Menschen erklären meiner Erfahrung nach: „Ich kann das Risiko nicht eingehen, da ich nicht weiß, was dabei herauskommt. Darum bleibe ich lieber da, wo ich bin." Für sie ist das eine richtige Entscheidung. Ironischerweise mögen sie sich in ihrer Haut weitaus wohler fühlen als ich in meiner.

Ich habe im Leben immer die Veränderung und das Abenteuer gesucht und suche es immer noch. Bequemlichkeit und Vorhersehbarkeit haben mir nie ausgereicht. Am Ende des wunderschönen Films *Tender Mercies* [dt. Titel: *Comeback der Liebe*] sieht man Robert Duval bei der Gartenpflege. Er hat sich mit der Frau niedergelassen, die er liebt. Sie fragt ihn, warum er so unglücklich wirke. Er schaut sie an und erklärt: „Ich traue dem Glück nicht."

Es ist nicht so, als würde ich dem Glück nicht vertrauen. Es zu finden, war für mich immer schwierig. Für kurze Zeit kann ich so glücklich sein wie auch jeder andere Mensch. Ich erfreue mich an guter Gesellschaft und an großartigem Essen und Stimulationen jeder nur erdenklichen Art, aber dann brauche ich mehr. Das revitalisiert und erneuert mich, bringt mir neuen Schwung.

Ich habe die Welt ausgiebig bereist und mich daran sattgesehen. Ich bin zufrieden, auch wenn ich nie wieder eine weitere Reliquie bestaune. Manchmal denke über mich nach: „Weißt du was? Ich wäre schon recht zufrieden, wenn ich bei mir zuhause am Pool sitze, ein Buch lese, fernsehe, an meinen verschiedenen Projekten arbeite, die beste Thai-Kost des Universums genieße und mit den Hunden spiele. Das würde mich glücklich machen." Doch dann klingelt das Telefon, und jemand fragt mich, ob ich Lust hätte, einen dreißigstündigen Flug nach Kapstadt auf mich zu nehmen. In so einem Moment erstrahlen meine Gefühlswelt und mein Geist förmlich. Wochen später habe ich schon 16 Stunden des Flugs hinter mich gebracht und stelle mir die Frage, wie ich da wohl reingeschlittert bin …

Ein Grund für den Enthusiasmus – und da bin ich mir sicher – liegt in der begrenzten Zeit, die mir noch zur Verfügung steht. Dadurch treibe ich mich an – und manchmal auch andere. Vor mir liegt ein zeitlich begrenzter Terminplan, und ich will nichts verpassen. Und so treibe ich mich an, dränge nach vorne und bin aktiv.

Eines Nachts in Afrika schlief ich in meiner Hütte und hörte draußen Geräusche. Einige Elefanten zogen durch das Dorf. Obwohl man uns gewarnt hatte, den Schutz der Hütten nicht zu verlassen, folgte ich ihnen in die Nacht. Sie zogen zum Fluss. Ich stand versteckt im Unterholz und beobachtete sie. Ich dachte nicht sorglos: William Shatner, dir kann nie etwas zustoßen. Ich spürte in dem Moment schlicht keine Angst. Es war ein überglücklicher Augenblick, diese fremdartigen und wunderschönen Kreaturen zu beobachten, es war das Gefühl, intensiv zu leben.

Wie man mir am nächsten Tag berichtete, betraf das weniger das Leben, sondern das glückliche Überleben. Nachts wilden Tieren in den Dschungel zu folgen, ist extrem gefährlich. Hätte man das nicht ahnen können? Elefanten gehören zu den Tieren, die ihren Nachwuchs um alles in der Welt beschützen, und würden bei der geringsten Gefahr angreifen. Doch ich konnte in der Nacht eben nicht anders.

Ich höre nie damit auf, mich ständig bis an die individuellen Grenzen zu treiben. Einmal fuhr ich mit meinem Porsche durch das ganze Land von Philadelphia nach L.A. und stoppte in Indianapolis, um

Liz abzuholen, die ihre Mutter besucht hatte. Sitzt man in einem auf Geschwindigkeit getrimmten Wagen, will man nur eins wissen: Wie schnell fährt das Ding? Bislang hatte ich schon einen Flitzer bis auf 300 Stundenkilometer hochgejagt, doch das war auf einer NASCAR-Bahn mit einem eigens für solche Anlässe ausgelegten Sondermodell gewesen. Während ich also in dem Porsche auf dem Weg nach Indianapolis durch die Allegheny Mountains fuhr, drückte ich das Gaspedal durch – weiter und weiter. Ich brachte den Wagen auf eine Geschwindigkeit von 220 Stundenkilometer. Warum ich das machte? Weil es möglich war! Es gibt keine andere vernünftige Erklärung. Eigentlich war es reichlich dumm. Ich wusste noch nicht viel über den Wagen, und möglicherweise würde ein Reifen bei so einer Geschwindigkeit platzen. Und was wäre gewesen, wenn man mich angehalten hätte? So zu rasen war ein Schwerverbrechen und wird in einigen Bundesstaaten mit Haft bestraft. Nachdem ich Liz abgeholt hatte, erzählte ich ihr davon: „Es war eine fantastische Erfahrung", schwärmte ich. „Das glaubst du kaum."

Nur darüber zu reden, reichte jedoch nicht. Ich musste das Gefühl unbedingt mit ihr teilen. Der Highway 40 in Oklahoma schien mir der richtige Ort zu sein. Weit und breit war niemand zu sehen, und ich trieb den Wagen wieder hoch. Diesmal erreichte ich 230 Stundenkilometer.

Liz kennt mich gut genug, um nicht zu fragen: „Geht es nicht noch schneller?" Wir pendelten uns auf 230 Sachen ein. Es gibt sicherlich Menschen, die fragen: „Warum hast du das nur gemacht? Wusstest du nicht, dass dein Leben in Gefahr war?" Und meine Antwort hätte wie immer gelautet: „Warum hätte ich es nicht machen sollen? Natürlich war mein Leben in Gefahr."

Wie ich in all den Jahren lernte, beschränkt sich die Abenteuerlust nicht nur auf rein physische Experimente. Es fällt mir schwer, Drogen in einer Gesellschaft anzusprechen, in der Abhängigkeit ein weit verbreitetes und ernstes Thema ist. An dieser Stelle möchte in aller Deutlichkeit sagen, dass ich mich nicht für den Drogengebrauch in irgendeiner Form stark mache. Ich habe erlebt, welchen Schaden die

Sucht anrichten kann, habe beobachtet, wie sie meine Ehe zerstörte und Nerines Tod verursachte. Jedoch hat sich meine Neugier auch auf den Bereich der Drogen erstreckt. Es ist so gut wie unmöglich, sich in der Welt des Entertainments zu bewegen und nicht von Drogen umgeben zu sein. Ich wurde noch vor der Zeit geboren, in der man Marihuana zu einer illegalen Droge erklärte. Erst als die USA ein Gesetz gegen Marihuana verabschiedeten, bekam ich Wind davon. Das geschah, nachdem man ironischerweise den Alkohol als legal eingestuft hatte. Die Ironie dabei? Ich habe Alkohol als ursächlich für den Tod eines geliebten Menschen erlebt, wohingegen ich niemals beobachtete, dass Marihuana jemandem schadet. Dennoch ist Marihuana illegal und der Alkohol ein riesiges und profitables Geschäft.

Ich habe Pot geraucht, Gras, Weed oder wie auch immer es momentan genannt wird – und meinen Spaß gehabt. Ein Freund veranstaltete jeden Samstagabend eine Party, wo ständig Pot verfügbar war. Ich ging zu den Partys und kiffte mich zu.

An einem Samstagabend, wir alle saßen dort stoned herum, erzählte einer der Besucher eine Geschichte, die alle gelesen hatten: Ein koreanischer Fischer befand sich auf dem Ozean, als sein Boot kenterte. Er musste Wasser treten und bereitete sich auf seinen Tod vor, als er plötzlich etwas unter seinen Füßen spürte. Es war ein Tümmler, der ihn tatsächlich an Land brachte und sein Leben rettete. Plötzlich stellte jemand die Frage: „Wenn du mitten im Ozean Wasser treten und etwas mit den Füßen berühren würdest – würdest du da stehen bleiben oder schreien?“

In dem Augenblick war es das Lustigste, was ich je gehört hatte. Ich konnte mit dem Lachen nicht aufhören, lachte so herzlich, dass ich kaum Luft bekam. Am nächsten Morgen erinnerte ich mich daran, so stark wie noch nie gelacht zu haben. Doch mir fiel der Grund nicht mehr ein. Am folgenden Samstag fragte ich: „Was war das für eine Geschichte?“ Und platzte wieder vor Lachen. Das ging dann einige Wochen so weiter, und ich reagierte jedes Mal mit hysterischem Gelächter. Allerdings erinnerte ich mich am Morgen danach nicht mehr an die Geschichte.

Also: Ich habe mit Marihuana einige schöne Moment erlebt, es aber schon längere Zeit nicht mehr geraucht. Vor einigen Jahre lud man mich als Gastgeber für eine Show ein, in der man die Vorteile von Marihuana aufzeigte Ich reagierte zögerlich. Nach längerem Überlegen schlug ich das Angebot aus. Daraufhin recherchierte ich selbst, um mir über die Vorzüge ein Bild zu machen, zu Marihuana mit THC, Marihuana ohne THC, über Öle und all die verschiedenen Variationen. Ich fand rein gar nichts Negatives. Ich glaube, dass die Pflanze – wissen wir erst mehr darüber und haben uns besser informiert – zu einem nützlichen und wirksamen medizinischen Instrument wird. Ich persönlich mochte das Gefühl.

Ich habe auch andere Drogen ausprobiert. Eine Zeit lang war Kokain überall in L.A. zu haben. Ich habe es ungefähr ein Dutzend Mal angetestet, geglaubt, dass es da etwas gibt, was ich nicht fühle. Ich fand es ziemlich übel. Ich spürte überhaupt kein Wohlgefühl, und davon mal abgesehen, lief mir ständig die Nase. Statt mich gut zu fühlen, zog mich das Zeug runter, deprimierte mich regelrecht. Ich sah überhaupt keinen Grund, warum ich Kokain länger testen sollte.

Im Laufe des Lebens habe ich verschiedene Drogen ausprobiert. Einmal arbeitete ich in London und hatte einige Tage frei. Liz und ich entschieden uns zu einem Amsterdam-Besuch. Ich war noch nie in den Niederlanden gewesen und wollte mir diese großartige Stadt ansehen. Natürlich reizte mich auch die Verfügbarkeit der Drogen. Es war während des Winters, und nur wenige Touristen hielten sich in der Stadt auf. Wir besuchten einen Coffee Shop, wo man uns Magic Mushrooms anbot. Wie hätte ich da nein sagen können? Irgendwo im Hinterstübchen meines Gehirns erinnerte ich mich daran, gelesen zu haben, dass *Alice im Wunderland* tatsächlich die Beschreibung eines psychedelischen Trips ist. Tja, ich mochte *Alice im Wunderland* schon immer. Falls es also eine Möglichkeit zum Besuch des Wunderlands gab, fand ich das ansprechend.

Liz und ich kauften die Mushrooms und nahmen sie nach Anweisung ein. Wir entschlossen uns zur Rückkehr ins Hotel, denn es war sicherlich besser, sich im Zimmer aufzuhalten, wenn „was auch immer" passierte. Während wir den Weg durch die Straßen zurückgingen, in denen Frauen hinter Glastüren und -fenstern warteten, wurden wir von einigen Dealern angesprochen. Ich sagte zu Liz: „Es ist mitten im Winter, und wir sind hier die einzigen Touristen. All die Menschen sind von unseren Finanzen abhängig. Wir stellen momentan ihre einzige Möglichkeit des Geldverdienens dar."

Es dauerte etwas, bis ich die Wirkung der Pilze spürte. Zuerst geschah rein gar nichts. Ich kenne einen Mann, der nach Barbados flog und dort für 100 Dollar Gras kaufte – und der Dealer verkaufte ihm auch Gras. Echtes Gras! Ich fragte mich zuerst, ob ich wohl nur echte Pilze erworben hatte.

Als wir in unserem Hotelzimmer angelangten, begannen die Magic Mushrooms zu wirken. Ich spürte es zuerst ganz langsam. Dann setzte die volle Wirkung brutal ein, was mich zutiefst ängstigte. Es begann mit grotesken Figuren, die sich aus der Wand herausschälten. Das hier war nicht *The Twilight Zone*, hier war kein Gremlin, der den Flügel eines Flugzeugs zerriss – ich befand mich in einem Amsterdamer Hotelzimmer. Und ich hatte die Monster freigelassen! Sie waren in jeder Hinsicht real für mich, abgesehen von der Realität!

So etwas hatte ich noch nie erlebt. Die Zimmerwände waren porös geworden, und diese grotesken Kreaturen strömten hindurch und auf mich zu. Das glich keinem Auftritt aus einem Comic – es war echt! Ich streckte die Arme nach Liz aus, doch sie wurden länger und wuchsen immer weiter. Meine Gefühle als verängstig zu beschreiben, trifft es nicht – denn sie lagen weit hinter der Angst. Die Erscheinungen jagten mir eine regelrechte Panik ein, doch faszinierten mich auch, stellten mich vor ein Rätsel. Eine meiner größten Ängste ist der Kontrollverlust über das eigene Schicksal, und ich verlor die Kontrolle. Glücklicherweise gab es einen Anker in der Realität – das Wissen, dass Liz direkt neben mir auf dem Bett saß, egal wie weit entfernt sie auch zu sein schien. Schließlich fragte ich sie: „Geht es dir gut?"

„Oh, ja", antwortete sie mit einer verträumten Stimme. „Ist das nicht das Schönste, das man jemals gesehen hat?"

Erst in dem Moment wurde mir klar, dass sie auf einem ganz anderen Trip schwebte. Ich sah nur Monster und Gefahren, Liz dagegen erlebte den Weltfrieden. Sie erklärte mir, Harmonie und Sanftheit zu fühlen – eine Welt voll sich wiegender und langsam drehender Farben zu sehen. Liz erlebte die Schönheit, ich das Chaos. Ich stürzte zum Grund meiner Seele hinab: Meine größte Angst ist das Sterben, und das Gefühl trieb mein Bewusstsein an diesen Ort. Die Angst vor dem Tod lauert bei mir nicht weit unter der Oberfläche. Was auch immer sie anregte, brachte mich zu dem Ort. Ich wollte da nie wieder hin, wollte mich so weit wie möglich von dem Szenario entfernen.

Seit damals habe ich nie wieder eine psychedelische Droge angerührt. Wie ich herausfand, reist man in einem anderen Bewusstseinszustand entweder an einen wunderschönen oder einen hässlichen Ort. Ich bin froh, es gewagt zu haben, was aber nur für mich – und nur für mich zutrifft! Das möchte ich an dieser Stelle unterstreichen. Besonders lernte ich bei der Erfahrung, so etwas nie mehr erfahren zu wollen!

In meinem Alter zu behaupten, so gut wie kein Bedauern über die gemachten abenteuerlichen Unternehmungen zu empfinden, ist schon erstaunlich. Ich habe sicherlich die Angst erlebt, hing von einem Berg, mich fragend, ob ich jemals wieder nach unten oder oben käme. Auch verharrte ich mutterseelenallein und regungslos auf einem Gletscher, zu verängstigt, um mich zu bewegen, und zählte die Sekunden, bis der Hubschrauber wieder auftauchte. Ich habe schlimmste und brutale Armut und größten Reichtum erlebt.

Und während der gesamten Zeit gibt es nur wenige Ereignisse, die mir leid tun: Zu meinem größten Bedauern war ich einst ein Jäger und habe wunderschöne Tiere getötet. Ich kann mir nicht mehr vorstellen, wie ich dazu in der Lage gewesen bin, kann die Einstellung nicht mehr verstehen, wie man sich auf die Jagd macht, um ein lebendes Wesen zu töten, und sich dabei noch überlegen und erfolgreich fühlt. Wenn ich an die zugefügten Schmerzen denke, fühle ich eine Kälte im Inneren aufsteigen. Das ist einer der Punkte, die mit sehr leidtun. Zweitens: Ich bedauere, potenzielle Abenteuer ausgeschlagen zu haben. Das ist die Ironie: Ich empfinde kaum Bedauern über meine Erlebnisse und Taten, aber erinnere mich noch klar an die ausgeschlagenen Möglichkeiten und wundere mich, warum ich sie ablehnte.

Vor über 20 Jahren erhielt ich eine Einladung zu einer Fotosafari in die Antarktis. Geplant war das Treffen mit einem Fotografen von *National Geographic* in Patagonien, von wo aus es mit einem Boot weiter in Richtung Antarktis gehen sollte, wo wir einen Foto-Essay über Pinguine knipsen sollten. Pinguine! Ich liebe Pinguine. Alle lieben Pinguine. Und wir würden sie nur mit der Kamera „abschießen". Das war ein Jahr nach Nerines Tod, und ich ging seit kurzer Zeit mit Liz aus.

Ich wollte reisen, aber nicht allein an so einem verlassenen Ort sein, denn mir war klar, dass ich dann zu viel Zeit hätte, an Nerine zu denken. Und in dem Fall müsste ich mich mit schrecklichen Gedanken auseinandersetzen. Als mir das Magazin erlaubte, eine zweite Person mitzubringen, lud ich Liz ein. Allerdings kannten wir uns noch nicht so gut. Ich erzählte ihr von der Reise, versicherte, dass sie eine eigene Kabine haben würde. „Es ist das Abenteuer deines Lebens", schwärmte ich.

Liz war Witwe und führte ein Gestüt in Santa Barbara. Sie entschied sich, eine Liste mit den Vor- und Nachteilen aufzustellen. Nach einigen Tagen erklärte sie mir, mehr Nachteile gefunden zu haben und nicht mitzukommen.

„Wie kannst du nur so ein großes Abenteuer ausschlagen?", fragte ich sie, bevor ich den Sponsor der Reise anrief, um abzusagen. Ich bedauere die Entscheidung, obwohl sie zu dem Zeitpunkt vielleicht die richtige sei. Ich ertrug den Gedanken nicht, mitten in einem außergewöhnlichen Abenteuer in der Antarktis zu stecken und niemanden zu haben, mit dem ich die Erfahrung teilen konnte. Wahrscheinlich hätten mich Trauer und Niedergeschlagenheit geplagt.

Tja, und dann stellt Liz manchmal auch noch die Frage: „Wäre das nicht eine wunderbare Reise gewesen?"

So bezieht sich mein Bedauern eher auf die verpassten Gelegenheiten und nicht die tatsächliche Taten.

Meine Abenteuerlust hat mich oft in Gefahr gebracht. Elefanten sind dafür bekannt, bei einer Bedrohung anzugreifen. Schon viele Menschen sind von Bergen gefallen, und Gletscher haben tückische Spalten. Motorradunfälle passieren häufig. Ein unerwarteter Windstoß kann einen Drachen schnell vom Kurs abbringen. Mit einer Geschwindigkeit von 220 Stundenkilometern zu fahren, ist riskant. Ich habe mir zwar Beulen und Abschürfungen eingefangen, wurde aber nur einmal ernsthaft verletzt.

Ich fiel von einem Pferd. „Fallen" ist möglicherweise das falsche Wort. Was geschah: Während des Reitens fasste ich an meinen Hut. Genau in dem Moment drehte sich das Tier ruckartig um und warf mich ab. Ich schlug hart auf dem Boden auf, wonach ich die Beweglichkeit der Arme und Beine prüfte und den Kopf nach allen Seiten drehte. Ich wollte sicherstellen, dass sich alles noch an seinem Platz befand. Zwar konnte ich mich bewegen, doch dann spürte ich die Schmerzen. Ich hatte meinen Oberschenkelknochen gebrochen, was extrem schmerzhaft ist. Es war bei mir der Bereich, den die Ärzte schlecht schienen können. Das ist nicht immer nötig, denn die Beinmuskeln ziehen sich in dem Areal zusammen, bilden eine natürliche Schiene und schützen die Stelle vor Bewegung. Der Schmerz rührt von den erstarrten Muskeln her. Morgens aufzustehen, war so schmerzhaft, dass ich zu schwitzen begann, doch ich gab mein Bestes, um mich so zu verhalten, als sei das Bein nicht gebrochen. The show must go on, und das tat sie. Wenn ich ging, humpelte ich, aber wenn es notwendig wurde, setzte ich mich eben in einen Rollstuhl. Die körperlichen Schmerzen fühlten sich unvergleichlich intensiv an. So ein physisches Leid hatte ich bislang noch nie gespürt.

Jedoch konnte ich es kaum erwarten, erneut auf ein Pferd zu steigen. Ich wusste, wie wichtig es war, so schnell wie möglich wieder mit dem Reiten zu beginnen, wollte mich nicht von der Angst abhalten lassen, der von mir so geliebten Aktivität nachzugehen. Es dauerte einige Wochen, bis ich wieder in der Lage war, und zugegebenermaßen agierte ich ängstlich. Mein Bein heilte, doch die Ärzte warnten mich, dass im Fall einer erneuten Verletzung – bedachte man den aktuellen Zustand – der Schaden deutlich schwerwiegender sei. Doch ich konnte nicht widerstehen.

Allerdings dauerte es noch einige Monate, bis sich die Steifheit aufgelöst hatte und ich wieder natürlich ritt.

Ich glaube, dass jeder Mensch den Aspekt dieser Abenteuerlust, des Sich-Aufmachens zu einer Reise, in sich trägt. Und ich glaube auch, dass ein Mensch gehemmt wird, geht er nicht die ersten vorsichtigen Schritte, um zu sehen, was so eine Entdeckungsreise bringen kann. Wir alle führen einen ständigen Kampf zwischen der Bequemlichkeit und dem Abenteuer, zwischen der Sicherheit und dem Risiko. Eine Gelegenheit beim Schopfe zu packen, ist sicherlich gefährlich, und wir wissen niemals mit Sicherheit, wohin uns das führen wird. Einerseits gibt es leidenschaftliche Menschen, die in das Herz Afrikas vordringen, um Dr. Livingstone zu finden, andererseits ist da auch der Vater anzuführen, der unnötige Risiken vermeidet, da er alles in seiner Macht Stehende unternehmen muss, um seinem Kind ein Dach über dem Kopf zu garantieren.

Ich verfüge aufgrund meines sicheren Fundaments über den Luxus, „Ja" zu sagen. Mein Leben ist finanziell abgesichert, so wie auch die Zukunft meiner Familie. Ich bin also in der Lage, mich einer Gefahr auszusetzen, mache es aber nur, wenn die Wahrscheinlichkeiten zu meinen Gunsten ausfallen. Die Sicherheit ist für viele Menschen dennoch wichtiger, als sich auf neue Erfahrungen einzulassen. Es ist ein zutiefst menschlicher Charakterzug, sich an die Sicherheit zu klammern.

Doch allein das Leben als solches bringt Gefahren mit sich. Man mag aus der Tür gehen und von einem Auto überfahren werden. Möglicherweise fällt ein Klavier auf deinen Kopf. Vielleicht schießt ein kosmischer Strahl durch deinen Körper und verändert die DNS. Das Leben beinhaltet keine „Doppeltes-Geld-zurück-Garantie" für den Zeitraum von einhundert Jahren. Auch ist die Sicherheit oftmals weniger sicher, als wir denken mögen.

Ich will mich an dieser Stelle nicht für das Paragliding stark machen oder den Tanz auf einem Gletscher oder das Bergsteigen.

Und sicherlich unterbreite ich nicht den Vorschlag, in einem Schneesturm durch das halbe Land zu fahren oder psychedelische Drogen auszuprobieren. Was ich aber anregen möchte, das ist der gelegentliche Ausbruch aus der Wohlfühlzone.

Der Begriff Abenteuer hat für die Menschen eine unterschiedliche Bedeutung. Vor einigen Jahren führte ich mit dem kanadischen Astronauten Chris Hadfield ein Interview, während er in einer Raumkapsel die Erde umrundete. Das war sein Alltagsjob. Und davor hatte er als Testpilot gearbeitet, der Jahre mit dem Überprüfen neuen Equipments verbrachte – des Equipments, das ihn bei seinem Versagen hätte töten können. Doch er verfolgte eine große Leidenschaft: Er wollte Sänger sein. Jahre nach dem Interview stand ich mit ihm zusammen auf der Bühne. Er sang und begleitete sich auf der Gitarre. An dem Tag verriet er mir, wie schrecklich nervös er gewesen sei, vor Publikum aufzutreten.

Für ihn bedeutete das ein Abenteuer. Sein Leben zu riskieren, war ein Job gewesen, doch vor einem Publikum zu singen, forderte ihm eine gehörige Portion Mut ab.

Wir alle können die Segel für die Fahrt zu einem neuen Abenteuer setzen, sogar wenn wir dabei nie außer Sichtweite des Leuchtturms kreuzen.

7.
Arbeit und Glück

Ich hatte niemals einen Guru, niemals einen Menschen, den ich um einen klugen Ratschlag bitten konnte. Ich habe Berge bestiegen, bin durch Dschungel gewandert, habe viele Orte auf der ganzen Welt besucht. Ja, ich habe ihn gesucht. Oder sie. Und nun kann ich ohne zu zögern berichten: Es gibt keinen Guru, der das Geheimnis des Glücks offenbaren kann.

Allerdings habe ich viel zu viele Menschen gefunden, die einen großen Teil ihrer Zeit mit der Suche nach Glück verbringen, statt einfach glücklich zu sein.

Während ich älter wurde, gelangte ich zu einer erstaunlichen Erkenntnis: Ich war glücklich. Ich hatte es weder geplant noch aktiv verfolgt, doch ich war zweifellos glücklich. Mit dieser Erkenntnis fragte ich andere Menschen nach dem Geheimnis, das Glück im Leben zu finden. Die meisten stammelten zuerst herum, meinten, sie hätten noch nicht so intensiv darüber nachgedacht, ließen dann ein Wiehern vom Stapel (ich habe viele „Country & Western"-Freunde) und vertrauten mir schließlich ihre Strategie an. Somit kann ich meiner sehr simplen These eine weitere sehr simple These hinzufügen: Um ein glückliches Leben zu führen, sollte ein Mensch dem nachgehen, was ihn glücklich macht, und das vermeiden, was ihn unglücklich macht.

Das Problem, Bill, ist die Antwort, die vermutlich viele Leser geben werden und die sechs Buchstaben hat: Arbeit. Zu häufig steht die Arbeit dem Glücklichsein im Weg. Wir alle müssen einer Beschäftigung zum Broterwerb nachgehen. An dieser Stelle sollte ich die Prozentzahl nennen, die Arbeit zeitlich gesehen im Leben ausmacht. Da es keine zutreffende Statistik zu zitieren gibt, die mich zudem kompetent erscheinen ließe, lasse ich mir eine einfallen, die aus dem Büro der alternativen Fakten stammen könnte: Aus der Notwendigkeit heraus verbringen wir einen substanziellen Teil des Lebens mit Arbeit. Manchmal sogar einen substanziellen plus Überstunden.

Die meisten von uns arbeiten, um sich das Überleben zu sichern. Wir betrachten die Arbeit als Mittel zum Zweck, das, was wir machen müssen, um uns die Dinge leisten zu können, die wir haben wollen. Die „Arbeit" beansprucht einen signifikanten Teil unserer Lebenszeit. Die meisten Menschen müssen damit einen Großteil ihrer Zeit verbringen. Wie bringt man nun die Aktivitäten, die uns Freude bereiten, mit dem Zwang zu arbeiten in Einklang. Für zahlreiche Menschen stellt dies ein schwierigeres Problem dar als jenes der Yang-Mills-Theorie im Zusammenhang mit der Massen- bzw. Energielücke.

Ich möchte Sie auf ein interessantes Phänomen hinweisen. Was machen die reichsten Menschen in den USA täglich? Personen wie Bill Gates, Mike Bloomberg und Warren Buffett? Sie gehen zur Arbeit. Dies sind Menschen, die mehr Geld verdient haben, als sie jemals ausgeben können. Arbeit ist das Letzte, mit dem sie sich herumschlagen müssten. Sie könnten angeln, der Gartenarbeit nachgehen oder bowlen und mussen sich niemals über das Abstottern eines Kredits sorgen. Aber dennoch arbeiten sie weiter. Diese Menschen haben herausgefunden, wie man Zufriedenheit und Freude in der Arbeit finden kann.

Die wahre Schwierigkeit besteht in der Definition von Arbeit. In unserer Gesellschaft wird Arbeit analog zum Ausüben eines Berufs gesetzt. Das meine ich nicht, wenn ich von Arbeit rede. Einige Menschen haben genügend Glück, Erfüllung in ihrem Job zu finden. Das trifft jedoch nicht auf alle zu, womit sich viele ihre Zufriedenheit bei anderen Aktivitäten suchen. In seinem späteren Leben, nachdem er sich von der Schauspielerei zurückgezogen hatte, begann Leonard Nimoy zu arbeiten – arbeiten! –, und zwar ganztätig an seiner Fotografie und Lyrik. Kunst zu schaffen, wurde zu seiner Arbeit. Es gibt durchaus einen Grund, warum die Kreationen eines Künstlers als „Kunstwerke" oder als sein „Gesamtkunstwerk" bezeichnet werden. Leonards *Full Body Project* – in dem man Frauen mit Übergewicht zelebriert – wurde nach seinen eigenen Angaben ins Leben gerufen, da „mich die Tatsache ärgert, dass Frauen in unserer Kultur nur dann gratuliert wird, wenn sie Gewicht verlieren".

Seine Errungenschaften als Fotograf und Dichter brachten ihm eine unglaubliche Zufriedenheit, die möglicherweise größer war als die bei der Schauspielerei.

Die Kommunikation von Gedanken und Ideen durch Worte, nicht zu vergessen die Fotos, waren seine Arbeit. Für mich bedeutet Arbeit die „Aufrechterhaltung" des Lebens. Durch die Arbeit bewege ich mich vorwärts, und sie verschafft mir immer noch Zufriedenheit und Stolz. Dank meiner Werke fühle ich mich gut. Sie erinnern mich, dass ich sogar noch in meinem Alter ein etwas Positives beitragendes Mitglied der Gesellschaft bin, dass ich neue Herausforderungen annehmen kann und dass noch mehr Abenteuer vor mir liegen.

In meinem Fall beschränkt sich die Definition von Arbeit nicht auf die Schauspielerei. Ich arbeite mit den Pferden, versuche, meine Reitkunst zu perfektionieren wie auch die Fähigkeiten der Tiere. Ich arbeite mit den Hunden, züchte und trainiere sie. Zusätzlich arbeite ich gemeinsam mit verschiedenen Wohltätigkeitsorganisationen und versuche den Einfluss, den ich durch meinen Erfolg in der Unterhaltungsbranche gewonnen habe, in anderen Zusammenhängen einzusetzen. Meine Arbeit – egal, womit exakt ich den Tag verbringe – bringt Freude und Aufregung in mein Leben und lässt mich an der Welt teilhaben. Ich hege überhaupt keine Zweifel, dass solch ein Fokus das Leben verlängern kann: Pablo Picasso arbeitete immer noch hart, als er im Alter von 91 Jahren plötzlich verstarb. Arbeit, so wie ich sie hier beschreibe, bedeutet ganz einfach, einen zentralen und bedeutungsvollen Fokus auf das Leben zu haben. Ein Grund, um mit Vorfreude aufzuwachen.

Wie ich realisierte, war ich glücklich, denn ich liebe das, was ich mache. Natürlich nicht jede Minute und auch nicht jeden Aspekt, nicht den Umstand, um 5 Uhr morgens aufstehen zu müssen, und auch nicht die Ablenkungen und Probleme. Trotz der aufgezählten Beschwerlichkeiten habe ich eine enorme Freude an der Arbeit gefunden. Überraschenderweise empfinde ich eine ganztägige Auseinandersetzung mit meinem Tun fast schon als erotisch. Ich empfinde eine Art sexuelle Lust, nicht so lebendig und intensiv wie beim Sex, aber freudespendend. Für mich stellt das die Ekstase des Lebens dar. Ich weiß, dass sich meine Frau ähnlich fühlt, wenn sie mit den Pferden arbeitet. Ich kenne Menschen, die so empfinden, wenn sie in ihrem Garten arbeiten. Mir sind Songwriter bekannt, die sich so fühlen, wenn sie mit einem Song kämpfen. Ich kenne Auto- oder Motorradmechaniker, die sich im Klang eines Motors verlieren können. Einige Lehrer spüren einen überwältigenden Stolz, wenn ihre schwierigsten Schüler erfolgreich sind. Tischler, Fitnesstrainer, Schachspieler, Autoren, Party-Planer und Comedians – ich kenne viele, die eine unglaubliche Freude aus ihrer Arbeit ziehen und niemals aufhören, sich zu verbessern.

Ich muss nicht mehr arbeiten, habe keine Verbindlichkeiten. Doch im Frühjahr 2017 übernahm ich die Hauptrolle in einem Film mit dem Titel *Senior Moment*. Der Drehort lag drei Stunden außerhalb von L.A. Mit ein wenig Aufwand hätte ich pendeln können, doch ich entschied mich dazu, dort zu übernachten. Über ein Jahr zuvor hatte ich mich zu Beginn des Winters in Halifax, Nova Scotia, aufgehalten, um einen längeren Auftritt für die TV-Serie *Haven* zu filmen.

Es war eine schwierige Situation: Ich wohnte in einem abgewrackten Hotel mit außergewöhnlich schlechtem Essen, und wir drehten in einer Lagerhalle, die man teils in eine vermeintlich klangneutrale Bühne verwandelt hatte. „Verwandelt" ist aber nicht der korrekte Begriff: Es gab weder eine Akustik-Dämmung noch Glasfenster, die Halle hatte ein Blechdach, das den Klang von fallendem Regen verstärkte. Oh, nicht zu vergessen die kaum vorhandenen Heizmöglichkeiten. Wir drehten also an einem der feuchtesten und kältesten Orte der ganzen Welt, wo nur noch wenige Menschen zu überleben versuchten. Im November. Im „Studio" war es so kalt, dass wir uns nicht am Set aufhielten, sondern in notdürftig errichteten Zelten mit elektrischen Heizlüftern. Die Kameramänner mussten sich eine Finte überlegen, um Szenen einzufangen, die im Inneren eines Gebäudes spielten, ohne dabei die Kondensation jedes Atemzugs aufzunehmen. Es war schrecklich.

Ich jedoch liebte es. Nun, vielleicht liebe ich es eher in der Retrospektive. Ich lebte dort vier Wochen – umgeben von einem Schleier der Arbeit. Am Morgen verließ ich freudig die Bruchbude von einem Hotel und wurde zu dem Kühlschrank namens Studio gefahren, wo ich mich an den Heizlüfter klammerte, bis man mich rief. Ich spielte so lange, wie man mich brauchte – was meist vom frühen Morgen bis zum späten Abend dauerte – und machte mich danach wieder auf den Weg in das feuchte Hotel.

Die Aufnahmen stellten sich als problematisch heraus, und ich musste mich sehr auf die Arbeit konzentrieren. Ich rief weder zuhause an, noch redete ich mit meinen Kindern, sondern meisterte die Aufgabe einen ganzen eisigen Monat lang im frühen Winter in Halifax.

Ich hätte das nicht machen müssen, hätte die Wärme der kalifornischen Sonne genießen können, mit der Familie, den Pferden und den Hunden. Aber ich konnte es nicht sein lassen, denn ich habe stets eine überaus große Freude aus meiner Arbeit gezogen. Ich mag die Herausforderung, das Gefühl, etwas zu erreichen, wenn ein Job gut läuft – und auch den Stolz, eine schwierige Aufgabe zu meistern. Das gibt mir das Gefühl, gebraucht zu werden, immer noch im Spiel zu sein.

Ich empfand so viel Freude bei der anspruchsvollen Erfahrung, dass ich mit dem gleichen Enthusiasmus wie in Halifax reagierte, als man mir die romantische Hauptrolle in einem Film mit dem Titel *Senior Moment* offerierte. (Ich muss das jetzt noch mal zur eigenen

Belobigung wiederholen: als man mir die romantische Hauptrolle …) Ich lebte wie ein Mönch in einem liebenswerten Hotel, aß Nüsse und Feigen und konzentrierte mich auf nichts anderes als den Film.

Die Leute fragen mich, warum ich das machte. Meine Antwort lautet: Warum nicht? Es bot sich die Gelegenheit, einer Tätigkeit nachzugehen, die mir wahrlich Freude bereitet. Darüber hinaus flog ich innerhalb nur weniger Tage nach Drehende nach Europa, um dort mit Henry Winkler, Terry Bradshaw, George Foreman und dem jungen Comedian Jeff Dye zu arbeiten. Es handelte sich um eine Reality-Show mit dem Titel *Better Late Than Never*. Bei der Show, beschrieben als „ein internationales Abenteuer mit der Chance einer lebensverändernden Erfahrung", trapsten wir durch Asien und Europa und mussten uns zufälligen, nicht im Drehbuch vorgesehenen Aufgaben stellen.

Warum nicht?

Ich habe das gesamte Leben gearbeitet. Ich begann mit sechs Jahren im Rahmen eines Radioprogramms und habe nie aufgehört, denn für mich gab es keinen Grund dafür. Ich wollte nichts dringlicher machen, als der von mir gewählten Profession zu folgen. Auf eine bestimmte Art kann man mich als Workaholic beschreiben. Ich gehe selten zu Hollywood-Partys oder nutze die freien Stunden, um mich zu entspannen. Für mich bedeutet die Arbeit Entspannung. Falls ich nicht auftrete oder schreibe oder die Zeit mit den Pferden und Hunden verbringe, bin ich damit beschäftigt, die nächsten Projekte zu planen. Ich füge Ideen zusammen und versuche, Menschen anzuheuern, die sie umsetzen. In meinem Kopf spielt sich stets irgendeine Performance ab, Ideen tauchen auf – zum Weiterverfolgen oder Verwerfen –, Wortspiele und Fragen, die beantwortet werden müssen. Es ist ein unaufhaltsamer Fluss, den ich nicht stoppen will. Im Grunde genommen bin ich in jeder Hinsicht ein Workaholic.

Allerdings nahm ich auch einige Jobs an, weil ich das Geld brauchte. Doch es gab nur eine einzige „professionelle" Tätigkeit, der ich außerhalb der Welt des Entertainments nachging: Ich brachte Bestellungen an die Autos der Kunden in einem Orange Julius in

Montreal. Als Kellner konnte man mich sicherlich nicht bezeichnen, eher als einen Laufburschen, der seinen Job noch nicht mal gut machte. Ich weiß nicht mehr, warum ich die Tätigkeit annahm, denn ich verdiente schon ein kleines Gehalt beim Lokalradio. Die Job-Beschreibung war simpel: Bring diese Bestellung zu jenem Auto.

Ich würde gerne glauben, den Job mit meinem gewohnten Enthusiasmus aufgenommen zu haben. Allerdings wäre es schlauer gewesen, ihn mit mehr Umsicht anzugehen. Am zweiten Tag stolperte ich über einen Bordstein, woraufhin die gesamte Bestellung, darunter der köstliche und erfrischende Orange Julius durch ein geöffnetes Autofenster flog. Wenn man noch nicht mal ein Tablett sicher abliefern kann, erübrigt sich jeder weitere Kommentar. Ich erinnere mich noch daran, mit einer Straßenbahn nach Hause gefahren zu sein, wahrscheinlich realisierend, dass meine Karriere in der Service-Industrie vorüber war.

Wie alle anderen war auch ich gezwungen, Tätigkeiten anzunehmen, die mir überhaupt nicht schmeckten. Ich habe Werbeclips gedreht, von denen ich wusste, dass sie einen Fehler darstellten. Ich bin in Filmen und TV-Shows aufgetreten, von denen ich wusste, dass sie ein Fehler waren. Glücklicherweise habe ich die meisten vergessen – möglicherweise ist das der einzige Vorteil des Älterwerdens. Es waren oft bedeutungslose Streifen, von denen die meisten noch nie etwas gehörte haben oder sich ihrer nicht bewusst sind, Filme und Shows, die floppten und vergessen wurden oder nie auf den Markt kamen. Projekte, die nur bei IMDb existieren und nur eine Reaktion hervorrufen: „Habe ich noch nie gehört. Von was handelt das denn?" Hier ein Vorschlag: Bitte nicht wundern. Es gibt einen Grund, warum Sie davon noch nie etwas gehört haben.

Ich glaube, dass jeder Schauspieler solche Projekte vorweisen kann. Es gibt aber ein Projekt, das wohl als die dümmste Aktion gelten kann, die ich jemals verantworten musste. Unter den Filmen, TV-Shows, Büchern, Platten, Konzerten und dem ganzen Rest werde ich diese Show niemals vergessen. Ich machte eine Stand-up-Comedy als Captain Kirk. Es war ein Act, der in Verruf geriet. Er fiel in die

Kategorie: „Es schien damals eine wirklich gute Idee gewesen zu sein …“

Ich habe schon viele Auftritte absolviert, habe den Luxus erlebt, mich in der Wärme des lachenden Publikums zu sonnen. Ich weiß, wie man eine Geschichte erzählt, um die größtmögliche Reaktion hervorzurufen. Das ist mein Job und meine Arbeit. Doch diesmal war alles anders. Ich absolvierte den kompletten Auftritt in der Rolle des James T. Kirk. Ich erinnere mich nicht mehr daran, was ich machte – und glücklicherweise auch nicht an das genutzte Material. Es gab kein „Spock und Pille gehen in den Transporter“.

An was ich mich jedoch erinnere: An die Zuschauer, die mit offenen Mündern wie erstarrt dasaßen, während uns klar wurde, in einem bösen Desaster zu stecken und keinen Fluchtweg zu finden. Niemand lachte mit mir oder über mich. Sie waren von dieser kolossal schlechten Idee schlichtweg verblüfft. Bei miesen Filmen, TV-Shows oder Alben muss ich zumindest nicht direkt in das Publikum sehen. Hier hatte ich keine andere Wahl, machte aber weiter. Es war eine der „Es-war-damals-überhaupt-nicht-lustig“-Situationen, was im Grunde genommen noch die harmloseste Art und Weise ist, eine Stand-up-Comedy zu beschreiben.

Doch ich ließ nicht locker. Ich zog nicht in Erwägung, wie genau meine Grabrede klänge, doch: „Er machte weiter“ schien gar nicht so schlecht zu sein. Manchmal müssen wir alle eine Arbeit verrichten, die uns nicht gefällt. Jede Karriere – wie auch jedes Leben – verläuft in Zyklen. Niemand geht ohne Aufs und Abs durch das Dasein. Es gibt großartige Augenblicke, aber auch Stand-up-Momente. Es drängt sich die Frage auf, wie man sich in so einer Situation dann verhält: Ich machte weiter. Ich wusste, dass die Performance oder die TV-Show enden würde, wusste, dass die Zeit vergehen würde und die Fehltritte mit etwas Glück hoffentlich vergessen würden. Somit lieferte ich den bestmöglichen Job ab, während ich nach Möglichkeiten suchte, mich anderen Projekten zu widmen, die mir mehr Freude brächten.

Mir ist klar, dass einige Menschen in ihren Berufen gefangen sind, die sie hassen, jedoch weiterverfolgen, um die Miete zu zahlen oder die Familie zu unterstützen. Der beste Vorschlag, den ich solchen Menschen geben kann, besteht darin, sich ein gutes Buch mit noch besseren Vorschlägen anzuschaffen. Es ist aber nicht *dieses* Buch. Dieses Buch handelt von dem, was ich lernte, und dank der Ausrichtung meines Berufs war ich nie in einer solchen Situation. Meine Jobs enden „naturgegeben" einmal. Der Film ist fertig. Die Show wird ausgestrahlt. Das Publikum reagiert. Der „Priceline negotiator" [Anspielung auf Shatners Werbeclips für das Unternehmen Priceline.com] stürzt ein Kliff hinunter.

Doch wenn ich selbst in einer unangenehmen Lage steckte, habe ich versucht, Wege zu finden, sie erträglicher zu machen. Zuerst nahm ich die wohl sinnvollste Perspektive ein. Ich musste auftreten und habe dabei versucht, alle negativen Gedanken über die Situation zu eliminieren. Ich versuchte das so gut wie möglich, denn ich durfte meinen Zorn oder die Verbitterung nicht den Auftritt ruinieren lassen. Ich lernte sowohl die emotionalen als auch die physischen Schmerzen zu ignorieren und mich nur auf exakt das zu konzentrieren, was ich in dem Moment machen musste. Die Fähigkeit, sich so zu verhalten, scheint ein Talent zu sein, doch ich erlernte es durch wiederholte Erfahrungen.

In vielen Fällen liegt die Ursache des Problems bei anderen Menschen. Die Arbeit, der Beruf mögen wohl zu tolerieren sein, doch man ist gezwungen, mit unerwünschten Kollegen zu spielen, die möglicherweise ihren Zorn und ihren Frust an den anderen auslassen. Ich habe das mehrere Male erlebt und kenne den falschen Weg, um damit umzugehen: Ich haben ein Ensemblemitglied mit einem Fausthieb in das Land der Träume geschickt, was möglicherweise eine bestimmte Zurückhaltung meinerseits vermissen ließ, obwohl es sich großartig anfühlte. Wir spielten eine Szene, in der er mir einen Schlag auf den Rücken versetzte. Abhängig davon, ob er bei einer früheren Zeile das Publikum zum Lachen gebracht hatte oder nicht, verpasste er mir einen leichten oder einen stärkeren Schlag. Ich warnte ihn, dass er mich zu kräftig schlage, beschwerte mich beim Produzenten, bei der Schauspielergesellschaft, bei allen, die mir zuhörten, und erklärte, dass ich ihm beim nächsten kraftvollen Schlag einen richtigen Schwinger versetzen würde. Und das machte ich!

Das war ein Weg, mit der Situation umzugehen. Ich würde das aber nicht empfehlen.

Als ich das Stück *Die Welt der Suzie Wong* aufführte, wollte sich unsere Suzie Wong nicht enthusiastisch einbringen. Die Hautdarstellerin war eine schöne junge Asiatin. Offensichtlich fiel niemandem die Tatsache auf, dass sie kaum Englisch sprach, was ein Problem darstellte. Schließlich wollte sie ihren Vertrag auflösen. Meiner Ansicht nach versuchte sie alles nur Erdenkliche, um die Aufführung zu sabotieren. Sie vergaß ihre Zeilen, verpasste die Zeichen, ging einfach von der Bühne und kam nicht zurück. Es war der wahrgewordene Albtraum jedes Schauspielers. Im Laufe der nächsten zwei Jahre, in denen ich mit ihr spielen sollte, betrat ich das Theater, mich schon davor grausend, was denn wohl an diesem Abend wieder bei der Show passieren würde. Statt mich an der Tatsache zu erfreuen, dass mein Name über dem Titel eines Broadway-Theaters stand, war ich wütend, verwirrt und angsterfüllt.

Die Gesamtlage war aber noch viel schlimmer als meine Gefühlslage. Das Rodgers-und-Hammerstein-Musical *Flower Drum Song* [dt. Titel: *Mandelaugen und Lotusblüten*] hatte seine Premiere ungefähr zur selben Zeit, und einige der vorstädtischen Theatergruppen verwechselten die beiden Stücke und kauften Karten für *Die Welt der Suzie Wong*. Wir waren fast zwei Jahre lang ausverkauft. Egal, wie schlecht die Show nun aber auch ausfallen mochte, ich steckte da mit drin. Wenn sich der Vorhang hob und niemand eine großartige und mitreißende Nummer darbot, reagierte das Publikum zuerst verwirrt und dann bestürzt. Gelegentlich sogar feindselig.

Und dann mussten die Zuschauer ein Stück ertragen, das zeitweise einem Schlachtfeld glich. Ich befand mich beinahe während der gesamten Vorstellung auf der Bühne. Fiel die Show auseinander, stand ich wie nackt da. Für das Publikum schien es so, als hätte ich den Text oder die Handlung vergessen. Es konnte nicht wissen, dass sich die „Hälfte“ des Stücks fernab der Bühne aufhielt und den Auftritt verweigerte. Ich machte weiter, gab mein Bestes. Wann immer möglich, versuchte ich einen Lacher einzuheimsen.

Damals fand ich das überhaupt nicht lustig. Es war am Beginn meiner Karriere – und ich sah schon deren Ende nahen. Es sollte ein wichtiger Schritt zum Aufbau meiner Laufbahn sein, stattdessen erodierte die Bahn. Doch so schwierig es für mich war – ich verpasste niemals einen Auftritt. Ich ging dorthin, machte den Job, so gut, wie es ging, und verblieb in der Hoffnung, dass mich das in bessere Verhältnisse bringen möge.

Egal, was man auch macht – ständig tauchen Hürden auf, die man nehmen muss. Das ist ein Teil jeder Herausforderung, und es macht den Erfolg umso schöner. Ich arbeitete nur einmal mit Roger Corman. Er war der Meister der B-Movies. Exakt festzustellen, wie viele Darsteller seine Karriere bei ihm begannen, ist fast unmöglich. Ich bin mir nicht sicher, ob Corman die von ihm produzierten Filme allzu berauschend fand, aber er kurbelte unentwegt. Seine Budgets lagen weit unter „minimal“, und er entwickelte sich zu einem Genie, Filme preisgünstig zu produzieren. Meist wirken sich solche großen Einschränkungen negativ aus, denn sie vermindern die Qualität. Doch manchmal ist es eben notwendig, die Szenen fertigzustellen. Roger wollte sie auf Film bannen, obwohl die Inhalte manchmal ziemlich dubios waren.

Corman erwähnte den Film, an dem wir zusammen arbeiteten, als das einzige Werk, bei dem er Verlust gemacht habe. Und obwohl ich glaube, dass er das vielen Darstellern erzählte, nannte er ihn gleichzeitig auch den besten Film, den er je produziert habe. Viele Jahre später wurde er schließlich profitabel.

Bei *Raumschiff Enterprise* mussten wir ständig den Kampf zwischen einem beschränkten Budget und der Qualität ausfechten. Auf dem Set gingen die Lichter um exakt 18:12 Uhr aus, egal, was wir gerade machten. Das war's dann für den Tag. Das Budget beinhaltete kein Geld für Überstunden. 18:12 Uhr – Feierabend. Die Produktionsfirma musste aufgrund der rigorosen Studiovorschriften so vorgehen. Das Studio musste solche Vorschriften machen, da das große Netzwerk keine zusätzliche Arbeit bezahlte. Der Fisch stank also vom Kopf her und erreichte schließlich die Visagisten oder schlug sich in der Essensqualität nieder, produziert von Craft Services. Um richtig verstanden zu werden – Craft Services servierte keinen schlechten Fisch. (Hier ein kurzer Tipp an junge Schauspieler: Kritisieren Sie niemals Craft Services.)

Bei der Produktion der dritten Staffel lag unser Ziel darin, es so gut wie möglich und möglichst schnell zu schaffen. Es war unsere schwierigste Staffel, aber gleichzeitig auch die, die am meisten Spaß machte, da alle gegen denselben Feind kämpften. Egal, was für Hindernisse sich uns in den Weg stellten – um 18:12 Uhr hatten wir sie beseitigt. Wir versuchten alles, um eine oftmals unangenehme Situation mit möglichst viel Freude zu überstehen, machten Witze auf Kosten des jeweils anderen und formierten eine lockere Widerstandgruppe gegen die „Anzugträger". Unter diesen Umständen lieferten wir den bestmöglichen Job ab.

Über *Star Trek* wurden Millionen von Wörtern geschrieben. Meiner Meinung nach ist die Aussage zutreffend, dass keine Serie in der Fernsehgeschichte öfter analysiert und kritisch beäugt wurde, nicht zu vergessen die vielen Zitate, die sich Fans einprägten. Ich habe viel davon gelesen, sogar selbst etwas, auf der Serie basierend, geschrieben. Aber ich bin niemals einer Person begegnet, die behauptete, die Darsteller hätten weniger als den optimalen Einsatz gebracht.

Raumschiff Enterprise gehört zu den vielen Beispielen in meinem Leben, die im ersten Moment als komplettes Desaster erschienen, aber stattdessen dann zu einer Rose erblühten. Das Resultat unseres Einsatzes, der unzähmbare Wille, unter schäbigen Umständen den besten Job abzuliefern, hätte niemand vorhersagen können. Wir meisterten unsere Aufgaben, erschienen in einigen Fällen unerwartet, um den dringend benötigten Gehaltsscheck abzuholen, doch hatten niemals auch nur die geringste Ahnung, dass wir Entertainment-Geschichte schrieben. Wir standen da, hielten billige Plastik-Laser in der Hand und sprachen mit Felsen – es wäre uns nicht in den Sinn gekommen, dass uns das zu langen und erfolgreichen Karrieren führt.

Das ist die Lektion, die man daraus lernen kann: Mache den bestmöglichen Job, auch unter den widrigsten Umständen, da man nie weiß, wer zuschaut. In unserem Fall war das wortwörtlich zu nehmen. Und man kann nie erahnen, welche weiteren Verpflichtungen davon abhängen.

Die damalige Zeit war sicherlich nicht das einzige Mal in meiner Karriere, wo ich mich wunderte, was ich da so machte und ungeduldig auf 18:12 Uhr wartete, um endlich nach Hause zu gehen. Doch meine Antwort auf solche Situationen blieb immer gleich: Mache den bestmöglichen Job. Egal, was um dich herum geschieht: egal, ob der Co-Star seinen Text nicht sagen wollte, ein anderer Darsteller mich boxte, ich bei einem Film mitspielte, dessen Sprache ich nicht mächtig war – ich gab das Beste, und irgendwie entwickelte sich alles höchst positiv.

Ich kenne nicht viele Menschen, die in Rente gingen und danach ein zufriedenes Leben führten. General MacArthur sagte einst: „Alte Soldaten sterben nie, sie verblassen einfach." Etwas Ähnliches lässt sich über Schauspieler sagen: „Alte Schauspieler sterben nie, sie verschwinden im Schwarz des Abspanns." Die mir bekannten Menschen aus der Unterhaltungsindustrie haben so lange gearbeitet, wie sie gebucht wurden. Es gibt einen schwarzhumorigen Schauspieler-Witz:

„Gestern hat mich ein Mann gefragt, ob ich über die Rente nachdenke."
„Wirklich? Das ist ja klasse. Wer war es?"
„Der Regisseur."

Der Gedanke an Ruhestand kam mir bislang nie in den Sinn. Ich weiß, dass ich mich glücklich schätzen kann, immer noch gebeten zu werden, einen Beruf auszuüben, für den ich das ganze Leben lang trainiert habe. Ehrlich gesagt, glaube ich, jetzt besser darin zu sein als zu jedem anderen Zeitpunkt meiner Karriere. Ich habe einen Großteil von über 80 Jahren dafür gebraucht, aber es schließlich gelernt. Ich liebe das Schauspielern, und ich will den Beruf so lange wie möglich ausüben. Ich zähle zu den wenig Glücklichen, die niemals in Rente gehen werden.

Niemand sollte sich zur Ruhe setzen, wenn die Arbeit noch Freude bereitet. Was sollte ich im Fall meiner Pensionierung denn auch tun? Das ist die Frage, die ich jedem stelle, egal, ob er Nuklearphysiker oder Arbeiter ist. Haben Sie einen unangenehmen Beruf, verstehe ich das Bedürfnis nach Veränderung, doch sich zur Ruhe zu setzen, um auf der Veranda im Schaukelstuhl zu wippen, führt nicht nur zu muskulärer Atrophie, sondern auch zu psychischer – und das schon nach wenigen Monaten. Für mich gibt es dafür keinen Grund, denn ich würde meiner Berufung weiterhin folgen. Ich gehöre zu diesen glücklichen Menschen, habe mein Leben mit der Ausübung der Schauspielerei verbracht, die ich liebte, obwohl ich den aktuellen Job nicht immer mochte.

Die Menschen mögen sich von einem Beruf zurückziehen, sollten aber niemals aufhören, an sich zu arbeiten. Meine Frau Elizabeth war eine wunderbare Pferde-Ausbilderin, ein Beruf, dem sie mit ihrem verstorbenen Mann nachging. Wir begegneten uns in dieser Welt. Doch nach der Hochzeit setzte das gemeinsame Leben voraus, dass sie ihre Profession nicht weiterverfolgte. Sie konzentrierte sich von nun an auf unser beider Leben. Obwohl sie sich im Grunde genommen aus dem Arbeitsleben zurückzog, ist sie wahrscheinlich noch beschäftigter als früher. Sie kümmert sich um unseren Terminkalender, versichert sich, dass allen Verpflichtungen nachgegangen wird, kümmert sich um das Haus und auch um die „näheren entfernten" Verwandten. Elizabeth engagiert sich als eine der wenigen professionellen Preisrichterinnen bei verschiedenen Pferdewettkämpfen. Auch reitet und trainiert sie einige Pferde und hat mit der Fotografie begonnen. Obwohl sie keinem regulären Beruf nachgeht, hört sie nie auf zu arbeiten. Und offensichtlich scheint sie das sehr glücklich zu machen.

Wenn ich über die Bedeutung der Arbeit schreibe, meine ich das genau so. Finden Sie ein oder zwei Aufgaben, die Ihnen Freunde bereiten, und gehen Sie ihnen nach. Das müssen keine bezahlten

Tätigkeiten sein, es kann eine ehrenamtliche Arbeit sein oder ein Hobby, denn das Geld sollte kein ausschlaggebendes Element darstellen. Wichtig ist, dass Sie sich darauf freuen, dass es Ihrem Leben einen Sinn verleiht und Ihnen Zufriedenheit bringt.

Das Alter stellt keine Barriere dar. Sie können durchaus mit 86 Jahren anfangen, an etwas zu arbeiten. Ich verbringe einen Großteil der Zeit damit, neue Projekte ins Leben zu rufen. Kurz nach der Feier meines 86. Geburtstags las ich wunderschöne Gedichte, die mir ein Veteran zukommen ließ. Ich spürte sofort, dass sie die Basis einer Solo-Show sein könnten. Vor meinem geistigen Auge sah ich schon das fertige Projekt. Man brauchte ein wenig Musik und eine minimale Kulisse und möglicherweise über ein Jahr zur Produktion. Ich begann mich dafür zu begeistern, stellte mir vor, welche Musiker mit mir an der Entwicklung arbeiten könnten. Während mir diese Gedanken im Kopf kreisten, fühlte ich einen regelrechten Energieschub.

Wird das Projekt jemals fertiggestellt? Vielleicht. Doch eins ist mir besonders wichtig. Vor vielen Jahren sah ich einen Ausschnitt der großartigen *On The Road*-Serie von Charles Kuralt, der einen starken Eindruck hinterließ. Ein bereits pensionierter Milchfarmer aus Wright, Minnesota, namens Gordon Bushnell glaubte, dass es einen 200-Meilen-Highway als Verbindung zwischen Duluth und Fargo geben sollte. Er machte sich allein an die Arbeit – mit nur einer Schubkarre, einer Schaufel und einem alten Traktor. Der Farmer litt unter gesundheitlichen Problemen, doch er entdeckte schon bald: „Ich begann zu arbeiten. Und je mehr ich arbeitete, desto besser fühlte ich mich – und die Schmerzen verschwanden … Einige Kumpel, die jünger waren als ich, sind in Rente gegangen, die lassen sich gehen, setzen sich in einen Sessel und schauen fern. Und dann sind sie tot."

Er arbeitete 20 Jahre lang an dem Highway und hatte bei Ausstrahlung der Serie neun Meilen fertiggestellt. Im Alter von 87 Jahren standen ihm also noch 191 Meilen bevor. Es war offensichtlich, dass er ihn niemals vollenden würde, doch wie Kuralt kommentierte, hatte Bushnell entdeckt, dass „es nicht die Straße war, die zählte. Es war der Bau der Straße".

Sie müssen Ihre eigene Straße bauen, Ihre Pflanzen behutsam pflegen oder sogar einen Terry Bradshaw mit einem gammeligen Fisch verfolgen. Das ist für Ihre körperliche und geistige Gesundheit essenziell. Sind Sie technisch begabt und verfügen über die Fähigkeit, mit Computern umzugehen, dann setzen Sie sich hin, und arbeiten Sie mit einem Computer. Ihre individuellen Fähigkeiten werden nie schwinden. Sind Sie körperlich eingeschränkt, können Sie auch das bis zu einem bestimmten Grad überwinden – machen Sie es einfach. Fordern Sie sich.

Ein Bekannter begann in seinen Sechzigern mit dem Gitarrenspiel. Das war natürlich zu spät, um sich seine jugendlichen Ambitionen zu erfüllen, ein Rockstar zu werden. Doch er arbeitete daran. Er verbesserte sich, lernte neue Akkorde und kam dem Ziel eines versierten Musikers immer näher. Der Traum, ein Rockstar zu werden, hatte seine Bedeutung verloren. Was zählte, war das Erlebnis, jeden Tag ein wenig besser auf der Gitarre zu werden.

Er setzte sich ein Ziel und erlernte das Gitarrenspiel. Allein der Versuch, das Ziel zu erreichen, brachte ihm unglaubliche Freude. Verwirklichen Sie sich innerhalb Ihrer jeweiligen Möglichkeiten, aber arbeiten Sie daran. Hocken Sie sich nicht vor einen Fernseher – ausgenommen sind hier Shows, bei denen ich mitwirke –, und lassen Sie Ihr Leben nicht verrinnen, ohne es zu merken.

Die Tatsache, nicht zu wissen, wie man nicht arbeitet, stellte einen großen Segen für mich dar. Sie hat zu einer aktiven Teilnahme am Leben geführt – in all diesen Jahren. Mein Vorschlag: Wird Ihnen die Frage gestellt, was Sie glücklich macht, dann antworten sie: „Ich arbeite daran."

8.
Beziehungen sind nie relativ

„Allein."

Was für ein schmerzhaftes Wort das für mich ist. Es trägt so viele Bedeutungsmöglichkeiten in sich: Isolation. Entfremdung. Verlassen werden. Einsamkeit. Und Furcht.

Ich glaube nicht, dass Menschen dazu geschaffen sind, das Leben allein zu bestreiten. Das war eine wichtige Lektion für mich, obwohl ich zugegebenermaßen manchmal Probleme hatte, Beziehungen einzugehen. Das gehört nicht zu meinen ausgeprägten Fähigkeiten. Ich glaube, wir sind genetisch programmiert, die Gesellschaft anderer zu wollen und zu brauchen, was sich in einer Vielzahl von Ausprägungen zeigt. Meiner Meinung nach sind alle Lebewesen in einer außergewöhnlichen, geradezu fantastischen Form miteinander verbunden. Wir sind alle kleine elektrische Kraftwerke, und unsere Körper geben Energie in Wellenformen ab. Uns steht die Technologie zur Verfügung, mittels elektronischer Übertragungen mit Satelliten am Ende des Sonnensystems zu kommunizieren, und es ist mir ein Rätsel, warum wir nicht die energiereichen Schwingungen wahrnehmen, die von einem neben uns stehenden Menschen ausgehen. Vielleicht fehlt uns das Vermögen, sie zu interpretieren, sie zu deuten?

Es liegen Beweise vor, dass einige Menschen in der Lage sind, mit anderen auf einer anderen Ebene zu kommunizieren und nicht auf der des landläufig definierten rationalen Bewusstseins. Menschen, die lange Zeit zusammenleben, bemerken häufig, dass sie ähnliche Gedanken zum selben Zeitpunkt haben: „Ich wusste, dass du das sagen würdest." Vielleicht denken wir gerade an eine Person, die im selben Moment anruft und sagt: „Ich habe gerade an dich gedacht."

Ich glaube nicht, dass es sich hier um einen Zufall oder eine Fügung des Schicksals handelt. Mittlerweile arbeite ich seit über sechs Jahren mit meiner Assistentin Kathleen Hays zusammen. Nachdem wir oftmals zwölf Stunden am Tag miteinander verbrachten – Woche für Woche –, haben wir gelernt, stimmige Vorhersagen über den anderen zu treffen. Doch das von mit erwähnte Phänomen bezieht sich nicht nur auf Menschen. Wissenschaftler haben durch Messungen herausgefunden, dass Bäume auf einer fundamentalen Ebene Niedrigenergiesignale aussenden, die weitergegeben werden. Es liegen sogar Beweise vor, dass ein Baum reagiert, wenn andere Bäume um ihn herum gefällt werden.

Ich persönlich weiß, dass eine Kommunikation zwischen mir und meinen Hunden stattfindet. Die Hunde spüren, was ich denke – auch wenn es sich hier nur um grundlegende Tendenzen handelt –, und reagieren darauf. Wenn ich sie nach einer anstrengenden Phase bei mir brauche, sind sie da. Sie sind einfach da! Ich rufe sie nicht, lade sie nicht ein, doch sie nehmen wahr, gebraucht zu werden, und reagieren. Jeder Tierbesitzer kennt das Phänomen. Tiere haben eine angeborene Fähigkeit, menschliche Bedürfnisse zu verstehen und sie in vielen Fällen auch zu befriedigen.

Wir alle „schwingen, vibrieren", senden elektrische Signale an andere Lebewesen, die in der Lage sind, sie zu empfangen und dechiffrieren. Diese Signale sind Energie, und ich beschreibe sie als Lebensenergie. Es gibt meiner Ansicht nach bestimmte Menschen – wir bezeichnen sie als Heilige –, die sich auf uns einpegeln und auf derselben Wellenlinie schwingen können. Auf der höchsten Ebene ist diese Schwingung für mich gleichbedeutend mit der Leidenschaft. Doch dann wird sie abgelöst von der Liebe, der Freundschaft, der Wertschätzung, dem Respekt. All das verbindet uns mit der Welt, es verbindet uns mit den Menschen.

Wir wurden nicht zum Alleinsein geschaffen. Im Film *Cast Away – Verschollen* fand es Tom Hanks wichtig, eine Beziehung zu einem Volleyball aufzubauen. Menschen, die eine längere Zeit allein verbrachten – entweder freiwillig oder durch Zwang –, kreierten unsichtbare Wesen, zu denen sie eine Form von Beziehung aufbauten. Einmal, ich befand mich mit der Familie auf Hawaii, entdeckte ich einen vermeintlichen Körper, der am Strand lag und mit gelbem Tatort-Absperrband von der Polizei abgeschirmt wurde. Als ich einen Beamten fragte, was denn geschehen sei, antwortete er „Nichts", er schütze nur eine Hawaii-Mönchsrobbe. Während Robben allgemein in Kolonien leben, bleibt diese Spezies allein, darum auch der Name. Einmal im Jahr kehren sie zur Paarung und um ihre Jungen zu gebären zu jenem Strand zurück.

Am folgenden Morgen, kurz nach Sonnenaufgang, schwamm ich allein im Ozean. Für die meisten war es noch viel zu früh. Als ich gerade Wasser trat, klammerte sich etwas von hinten an mich und hielt mich fest. Ich drehte mich um und sah direkt in das Gesicht der Robbe. Ich schrie, war zu Tode verängstigt. Sie hatte mich mit den Flossen berührt. Das Tier schaute mich an und verschwand. Soweit ich weiß, kehrte es nicht mehr zum Strand zurück. Der junge Mann, der gerade die Sonnenliegen aufstellte, hörte meinen Schrei und sah die Mönchsrobbe verschwinden. Ich erzählte die Geschichte am Frühstückstisch, doch niemand glaubte mir. Es ist wahr, es trug sich so zu. In meiner Vorstellung glaube ich, dass die Robbe so allein war, dass sie sich nach Kontakt mit einem anderen Lebewesen sehnte.

Wir alle sind Herdentiere, fühlen uns in unterschiedlichsten menschlichen Zusammenhängen auf allen Ebenen am wohlsten. Das reicht von intimen Beziehungen bis hin zu peripheren. Es sind die Bindungen, die uns Zusammenhalt bieten. Man kann in der Natur dafür Beispiele finden. Von Walen und Haien bis zu Bienen und Ameisen blühen die meisten Spezies in Gemeinschaft auf. In zahlreichen Fällen hängt sogar das Überleben von einer funktionierenden Gemeinschaft aus. Wir alle leben in einer großartigen Matrix aus Beziehungen, die für unser physisches, spirituelles und mentales Wohlergehen notwendig sind.

Unsere Beziehungen geleiten uns durch das Leben. Unterhalten wir uns darüber, nehmen die meisten an, dass eine Liebesbeziehung die wichtigste Ausprägung darstellt. Das ist ein netter grundsätzlicher Gedanke, und wir werden im Laufe des Lebens ständig darauf hingewiesen, doch es muss nicht immer zutreffen. Realistisch gesehen kann eine Liebesbeziehung nämlich zu Komplikationen führen. Das gesamte Konzept der Romantik und der Liebe wurde meiner Ansicht nach erfunden. Die Liebesbeziehung – so wie wir sie heute kennen – gab es vor Tausenden von Jahren nicht. Eine Gesellschaft, vielleicht waren es die Griechen oder die Ägypter, erschuf sie. Doch davor waren Konzepte wie die Romantik in Gesellschaftsformen nicht bekannt. Es dominierten die Notwendigkeit, sich einer Gruppe von Männern anzuschließen, die einem Mammut einen Schlag auf den Schädel verpassten, und die Frage, ob ein Säbelzahntiger die Beute stiehlt. Nach dem Entzünden eines Feuers und dem Zubereiten des Fleisches ging es schließlich zum Schlafen in eine dunkle Höhle.

Niemand reichte einem anderen Menschen Rosen – mit der Ausnahme, sie waren essbar. Als sich das Bewusstsein der Menschheit einzig und allein noch auf das Überleben und die Fortpflanzung ausrichtete, blieb ihnen keine Zeit für Romantik. Die Menschen vereinten sich in Stämmen und knüpften Beziehungen, da sie als Gruppe mächtiger waren.

Die Liebe und ihre romantischen Untertöne kristallisierten sich heraus, als die Menschen sich in Gewänder hüllten und all die Erwartungen erfüllten, die das andere Geschlecht anzogen. Die Vorstellung der „Ritter der Tafelrunde", bei der Männer sich vor Sehnsucht verzehrten, begehrten und freiwillig noble Taten vollbrachten, um das Herz der holden Jungfrau zu erobern, war ein wunderschönes Märchen. Die Furcht vor Mammuten wurde durch das Bedürfnis nach Gesellschaft ersetzt. Dann schrieb Shakespeare über die hemmungslose und leidenschaftliche Liebe, also ein verhältnismäßig neues Konzept.

Doch die Liebe ist vergänglich. Oftmals hält sie nicht lange an. Sicherlich sind wir durch das konditioniert worden, was wir auf einer Bühne und in Filmen sehen, wovon wir lesen und hören: der Liebe endlos nachzujagen, zu glauben, unser Leben sei besonders trostlos, wenn wir nicht in einer Beziehung sind. Viel zu häufig empfinden sich Menschen, die gerade in keiner Beziehung leben, als unvollständig. Sie gehen durch das Leben und fühlen sich leer, wie Verlierer, da sie keinen Partner haben. Was sie bislang nicht verstanden und was auch ich lernen musste, ist die Tatsache, dass andere – und vielleicht auch gesündere – Formen von Liebe und Beziehungen existieren.

Die Menschen schätzten das häufig nicht, denn es wird ihnen nicht mit dem Medium Fernsehen eingetrichtert oder in sozialen Netzwerken erzählt. Wir werden ständig mit Produkten bombardiert, um unsere Anziehungskraft auf andere zu verstärken. Uns wird ständig gesagt, dass anscheinend jeder diesen ganz speziellen Menschen gefunden habe, was uns im Umkehrschluss als Versager erscheinen lässt, wenn wir noch nicht „unseren Darling" gefunden haben. Aber es gibt so viele Facetten der Liebe: Freundschaft, Tierliebe, die Neigung, sich bei Wohltätigkeitsorganisationen zu engagieren, oder die Liebe zu Gott. Auch lassen sich verschiedene Ebenen der Liebe erkennen: Das bezieht sich zum Beispiel auf Menschen, mit denen man täglich arbeitet, die man respektiert und auf die man sich verlässt, Nachbarn oder andere Menschen, die man regelmäßig trifft, die Ihr Leben mit ihrem Lächeln bereichern, egal, ob es sich um einen Lehrer handelt oder die Frau, die im Kino Karten verkauft. Wir leben in einer Welt voller unterschiedlicher Beziehungen, und das bezieht sich auf die Form der konkreten Ausprägung und die Intensität. Meiner Erfahrung nach scheint das den meisten Menschen aber nicht bewusst zu sein, weshalb sie die Bedeutung all der Beziehungen nicht gebührend wertschätzen. Zu diesen Menschen zähle ich mich übrigens natürlich auch.

Beziehungen wertzuschätzen und zu pflegen, kann als erlerntes Verhalten beschrieben werden. Für die meisten ist es weder naturgegeben noch einfach. Es fällt ihnen eher schwer, und ich benötigte einen Großteil all der Jahre, um mir darüber klarzuwerden.

Die erste bedeutende Beziehung ist die zu den Eltern. Was wir dort erleben und erfahren, prägt uns das ganze Leben. Wie ich schon erwähnte: Beziehungen gehören in die Kategorie „erlerntes Verhalten“. Es existieren verschiedene Ansätze, wie man mit einem weinenden Baby umgeht. Einige Eltern glauben, dass das Kind bis zur Erschöpfung weinen sollte, während andere es jedes Mal bei so einer Gefühlsregung in die Arme nehmen und trösten. Einige Mütter können die Bedürfnisse und Wünsche ihres Kindes exakt verstehen, andere folgen empfohlenen und bewährten Konzepten.

Ich wurde nicht mit Samthandschuhen angefasst und kann mich auch an keine engere Kommunikation mit meiner Mutter erinnern. Vater arbeitete und war meist nicht da, wodurch er zu einer Figur der Disziplin und des Respekts wurde. Daraus resultierte eine weniger von Liebe als von anderen Gefühlen geprägte Verbindung zu Mutter. Ich höre oftmals erwachsene Männer, die von „meiner Mom“ reden, oder sehe Profi-Athleten, die sich bei „Mom“ bedanken. Meine Mutter war niemals eine „Mom“. Ich denke oft darüber nach und sehe den Grund hierfür in ihrer Herkunft, denn sie entstammte der Landbevölkerung der Alten Welt. Ich schätze diese Menschen so ein, dass sie lange Stunden auf den Feldern verbrachten und daher wenig Zeit hatten, Liebe zu geben, und glaube, dass ich stark davon geprägt wurde. Mein Leben und meine Beziehungen wurden dadurch geformt.

Die Beziehung der Eltern untereinander und zu ihren Kindern bilden das Muster, wie eine liebende Beziehung mit anderen, auch in einer Ehe, bestenfalls funktioniert. Wir wissen, dass die Kinder eines Mannes, der seine Frau verprügelt, dafür prädestiniert sind, im späteren Leben auch ihre eigenen Partner zu misshandeln. Ihr Verständnis von Liebe besteht darin, einem anderen Schmerzen zuzufügen: Er oder sie „schlägt mich nur, weil er/sie mich liebt“. Oder aus einer anderen Perspektive: „Ich liebe sie, und muss sie darum züchtigen.“

Meine Eltern waren gute und anständige Menschen mit wunderbaren Wertvorstellungen, leisteten ihren Beitrag zum Leben, hatten Freunde und teilten gerne. Mein Vater arbeitete hart, um seine Familie nach Kanada zu bringen, doch ich kann mich an keine deutlichen Zeichen der Zuneigung zwischen ihm und seinen Verwandten erinnern. Vater arbeitete tatsächlich unvorstellbar hart, um ihnen ein besseres Leben zu ermöglichen, doch die Interaktion mit der Familie lief auf einer eher gedämpften Ebene ab.

Tja, aber Tantchen Pearl – das war eine ganz andere Geschichte. Was ich genau von ihr lernte, kann ich nicht sagen, doch es muss eine Menge gewesen sein, denn ich kann mich lebhaft und voller Wärme an sie erinnern. Tantchen Pearl hatte denselben familiären Hintergrund wie Mutter, war aber ein grundsätzlich anderer Mensch. Und was für ein Mensch sie war – sie hatte die Ausstrahlung und Extravaganz der Rolle der Auntie Mame [aus dem Film *Die tolle Tante*]. Alles, was sie tat, wirkte exotisch auf mich. Sie heiratete einen Psychiater und zog nach Kalifornien, wo sie drei Kinder zur Welt brachte und sich dann scheiden ließ. Meine Mutter verbot mir, darüber zu reden, denn in jenen Jahren wurde eine Scheidung als Schande angesehen.

Pearlie wurde ausgestoßen, wofür ich keinen Grund erkennen konnte. Sie gehörte doch zur Familie, hatte darüber hinaus einen Hang zum Abenteuer, war schlau, immer lustig und lachte oft. Sowohl sie als auch meine Mutter sprühten förmlich vor Lebenslust. Der Unterschied lag darin, dass meine Mutter diese lebensfrohe Einstellung innerhalb ihrer Grenzen umsetzte, während Pearlie sie tatsächlich auslebte.

Pearlie und ich waren beide Zweitgeborene mit jüngeren Geschwistern. Ich wuchs mit meiner drei Jahre älteren Schwester namens Joy auf und Farla, meiner anderen, elf Jahre jüngeren Schwester. Ich glaube, als Mädchen bekamen sie weniger Aufmerksamkeit als ich. Keine ältere Schwester möchte einen jüngeren Bruder haben, der ihr am Rockzipfel hängt, und Farla war so viel jünger, dass Joy und ich zum Zeitpunkt ihrer Geburt schon die Abenteuer der Jugend genossen. Meine Schwestern sind liebenswerte und nette Menschen in guten Ehen, die weiterhin in Montreal leben. Obwohl wir uns sehr mögen und verhältnismäßig oft miteinander telefonieren, lässt sich aber eine physische, emotionale und psychologische Trennlinie zwischen uns festmachen. Sie sind meine Familie, machen aber nur einen kleinen Teil meines Erwachsenenlebens aus.

Zweifellos habe ich bestimmte Aspekte all dieser Beziehungen verinnerlicht. Ich stelle mir das wie ein Chinarestaurant vor, in dem ich mir ein Menü zusammenstelle. Zur Auswahl standen: mein ernsthafter, leicht melancholischer und hart arbeitender Vater, die mich viel zu oft schockierende Mutter, meine extravagante Tante, die ältere Schwester und unsere jüngere Schwester. So wie Pearl verließ auch ich einen konservativen und sicheren Haushalt mit einem aussichtsreichen Geschäft – das ich hätte übernehmen können –, um in eine Welt hinauszuziehen, in der das Versagen die Norm darstellt. Allerdings verließ ich mein Zuhause, ohne gelernt zu haben, wie man Beziehungen aufbaut. Das musste ich im Laufe einer langen Reihe von tollpatschigen und fehlgeleiteten Versuchen erst lernen.

Eine der frühsten Beziehungen führte ich mit einer Prostituierten, die zu einer guten Freundin wurde. Damals schätzte ich das nicht, doch trotz eines langen Lebens voller aufregender und ungewöhnlicher Erfahrungen kann ich mich noch klar und mit Scham daran erinnern. Es ist eine der Episoden meines Lebens, die ich zutiefst bedauere.

Als ich zu Beginn meiner Karriere von Montreal nach Toronto zog, lebte ich in der fünften Etage eines Hauses ohne Aufzug und schlief auf einer einfachen Seilmatratze. Ich suchte verzweifelt nach jeglicher Arbeit beim Fernsehen, doch es war sehr schwer. Ganz in der Nähe befand sich ein Hotel mit angeschlossener Cafeteria, wo man „All-you-can-eat"-Mahlzeiten für zwei Dollar anbot. Ganze Familien – und auch ich – gingen wegen des billigen Essens dorthin. Die Cafeteria schloss um 20 Uhr, und danach wurde eine große Bar eröffnet. Diese Bar hatte sich für Prostituierte zu einem Stammlokal entwickelt, wo ihre Kunden ein Zimmer im Hotel „buchten". Ich aß mein Zwei-Dollar-Dinner, ging danach in die Bar und setzte mich zu den Frauen. Hatten sie einen Kunden, verließen sie den Tisch für eine bestimmte Zeit, kamen danach wieder zurück und unterhielten sich weiter. Ich freundete mich mit einigen von ihnen an. Mit einer oder zwei Frauen ging ich manchmal ins Bett. Zurückschauend erkenne ich, dass alle versuchten, einen echten Kontakt zu einem anderen Menschen aufzubauen. Sie hatten ihren Job, ich hatte meinen, doch auf einer bestimmten Ebene suchten wir alle nach Gesellschaft, nach einer Beziehung. Nicht sexueller Natur, denn das war noch der einfachste Aspekt, sondern nach etwas, das viel schwieriger zu finden war. Ich fühlte mich unglaublich allein, und diese Frauen wurden mein „Stamm". Sie halfen mir zu überleben.

Schließlich hatte ich Erfolg. Ich verbrachte drei Jahre mit Shakespeare-Aufführungen bei Tyrone Guthries Stratford Festival. Im zweiten Jahr traf ich dort Gloria, und am Ende der Saison hatte ich um ihre Hand angehalten. Monate später besuchte ich mit Gloria ihre Eltern in Toronto. Sie stammte aus einer anständigen und erfolgreichen Familie. Als wir beide mit den Eltern aus einem Kino schlenderten, entdeckte ich eine meiner Freundinnen, die aus einer Bar kam und auf uns zuging. Ihre „Profession" zeigte sich eindeutig im Kleidungsstil. Ich wusste nicht, was ich machen sollte, wurde panisch.

Ich wollte auf jeden Fall verhindern, dass Glorias Eltern erfuhren, dass ich die Frau kannte. Sie war doch eine Prostituierte – was würden sie bloß über mich denken? Im Vorbeigehen trafen sich unsere Blicke, und ganz offensichtlich hatte sie mich erkannt. Sie hatte die Situation verstanden, in der ich mich befand, weshalb wir uns beide wie Fremde verhielten. Wir warfen uns noch einen flüchtigen Blick zu, und dann war sie schon die Straße hinuntergegangen und verschwunden. Ich holte tief Luft und glaubte, dass es vorbei war, dass ich noch mal davongekommen wäre.

Vorbei? Ich musste diese Scham für den Rest meines Lebens mit mir herumtragen. Die freundschaftliche Beziehung zu dieser Frau war wichtig für mich gewesen, doch ich suchte so verzweifelt nach Anerkennung und Wertschätzung in einer anderen Welt, dass mir der Mut fehlte, es zuzugeben. In meinem jetzigen Alter würde ich anders reagieren, doch ich verstehe mein Verhalten als junger Mann. Aus Unerfahrenheit standen mir damals gar keine anderen Verhaltensmöglichkeiten zur Verfügung. Eigentlich hätte ich zu ihr gehen und sie umarmen müssen – was sehr viel Mut erfordert hätte –, vielleicht erklären, dass ich die Dame vor einigen Jahren gekannt hätte und sie mir geholfen habe. Ich konnte es nicht, fühlte mich emotional geknebelt. Eine Hochzeit stand bevor, und ich würde eine „richtige" Beziehung führen, was bedeutete, nicht länger allein zu sein. Und diese Menschen sollten meine Familie werden. Ich suchte so verzweifelt nach einer Beziehung, dass ich versagte, die Bedeutung anzuerkennen, die das frühere Verhältnis in meinem Leben gehabt hatte.

Wie ich bereits erwähnte: Es war einmal ... eine Zeit, in der ich glaubte, tiefempfundene und leidenschaftliche Liebe sei die stärkste Ausprägung einer Beziehung. Dass die bedingungslose Liebe das höchste Ziel sei und dass wir alle unser Leben damit verbrächten, sie zu suchen und zu finden. Und dann begegnete ich einer Alkoholikerin und heiratete sie. Weil ich daran glaubte, dass die wahre Liebe alles besiegen kann, hegte ich keinerlei Zweifel, dass meine Liebe zu Nerine ihr ermöglichen würde, die Alkoholsucht zu überwinden.

Ich glaubte das. Junge, Junge, wie falsch ich damit nur lag.

Schaue ich auf das Leben zurück, bin ich oft verblüfft, was ich auf der Suche nach Liebe so alles anstellte. Doch nichts davon lässt sich mit der Ehe mit einer Alkoholikerin vergleichen. Ich ging zu Al-Anon, der Organisation für Familien und Freunde von Alkoholikern, wo man mir beizubringen versuchte, wie man mit einem Alkoholiker lebt. Ich erwiderte: „Ich will nicht mit einem Alkoholiker leben. Ich muss mich nicht mit einer Betrunkenen auseinandersetzen. Ich will, dass sie aufhört." Ich empfand die Situation wie einen Film. Am Ende würde meine Liebe alles überwinden, das Orchester wunderschöne Musik zelebrieren, während wir gemeinsam den Weg in die Zukunft anträten. Mit meinen Tieren hatte das immer funktioniert, und warum sollte ich nicht auch bei ihr erfolgreich sein.

Ich verbrachte viel Zeit im Leben damit, solche Lektionen zu lernen. Wie andere auch führte ich Beziehungen, die ich nicht genügend schätzte, wie zum Beispiel die mit Leonard Nimoy. Leonard war der beste Freund, den ich jemals hatte. Ohne es zu merken, muss ich ihm nicht genügend Aufmerksamkeit gewidmet haben, denn am Ende seines Lebens redete er nicht mehr mit mir. Viele weigern sich, das zu glauben, doch ich erfuhr niemals, was ich wohl angestellt hatte, um so eine abweisende Reaktion zu provozieren – sicherlich nichts Beabsichtigtes.

Durch Nerines Tod fühlte ich mich wie am Boden zerstört, doch ich verstand zumindest, was geschehen war. Bis zu meinem Todestag werde ich mir jedoch die Frage stellen, was die Kluft zwischen mir und Leonard verursacht hatte. Nach all den gemeinsam verbrachten Jahren, nach der wie aus Stahl geschmiedeten Beziehung – was hatte ich bloß getan, das so einen irreparablen Schaden hinterließ, dass er nicht mal mit mir reden konnte?

Schauspieler führen ein Leben im permanenten Übergang. Im Unterschied zu vielen anderen gehen wir weder in ein Büro, noch haben wir einen festen Arbeitsplatz, weshalb wir nicht dieselben Leute immer und immer wieder sehen, zu denen sich dann Beziehungen anbahnen. Je erfolgreicher man als Schauspieler ist, desto dünner werden die Wurzeln, da der Job so viele Reisen erfordert. In meinem Fall sind die Darsteller von *Raumschiff Enterprise* und ich für immer und ewig mit der amerikanischen Kulturgeschichte verbunden. Oftmals nimmt das Publikum fälschlicherweise an, dass die Beziehungen in der Serie während der dreijährigen Erkundungsreise denen im realen Leben ähneln. Die Beziehung zwischen Spock und McCoy, der Kampf zwischen Intellekt und Emotion, wurde für die Serie deutlich herausgearbeitet. Tatsächlich aber waren wir eine Gruppe von Darstellern, die von einem Produzenten zusammengestellt wurde. Die einzige Gemeinsamkeit lag in der Tatsache, dass man uns alle als Schauspieler beschreiben konnte, die schon viele unterschiedliche Rollen gespielt hatten. Als man *Raumschiff Enterprise* absetzte, führten alle ihre Karrieren in unterschiedlichen Richtungen fort. Falls wir überhaupt aneinander dachten, konnte man sich höchstens vorstellen, sich irgendwann in anderen Rollen wieder zu begegnen. Nach gar nicht so langer Zeit – die Serie hatte sich zwischenzeitlich zu einem Kulthit und einem Franchise-Unternehmen entwickelt – wurden wir wieder zusammengetrommelt. Doch das war eben für die Art von Beziehungen typisch, die ich mit den Schauspielkollegen führte.

Ich habe immer daran geglaubt, dass in genau diesem Aspekt ein wichtiger Grund dessen lag, dass ich nie enge Freunde hatte. Mit „engen Freuden" meine ich eine Beziehung, so wie sie zwischen Denny Crane und James Spaders Alan Shore bei *Boston Legal* angedeutet wird. Ich hatte – und habe immer noch – viele Menschen, die ich mag, respektiere und schätze, deren Anwesenheit ich wirklich genieße, doch das fällt nicht in die Kategorie der tiefen Freundschaften, bei denen man bei einem anderen Menschen alles abladen und sich ihm offenbaren kann, falls das notwendig ist. Freunde müssen über einen längeren Zeitraum viele Erfahrungen teilen, wozu ein oder zwei Staffeln auf einem Filmset nicht reichen. Man unternimmt nicht nur eine einzige Reise und freut sich danach: „Ich habe einen guten Freund kennengelernt." Vielleicht hat man sich angefreundet, über geteilte Interessen und Ideen geplaudert und eine angenehme gemeinsame Ebene gefunden. Ich benutze das Wort „Bekanntschaft", um diese Form der Beziehung zu beschreiben. Ich litt leider an einem Mangel an tiefgründigeren Beziehungen, und zwar während meines gesamten Lebens.

Ich weiß nicht, warum ich mich so verhielt, vermute aber, dass ich es während der Kindheit lernte. Als jüdischer Junge im christlich geprägten Montreal erfuhr ich, dass es emotional sicherer war, Distanz zwischen mir und den anderen zu wahren.

Vermisste ich etwas, da ich nie diesen Bereich der tieferen Freundschaft erlebte? Ich denke schon. Während des Motorrad-Trips beobachtete ich wehmütig, wie sich zwei Brüder trennten, da einer von ihnen wieder zurück zu seiner Arbeit musste. Sie berichteten von ihrer innigen Verbundenheit, obwohl es Phasen gab, in denen das nicht so unproblematisch ablief. Die Verbindung war so stark, dass einer von ihnen weinte, als sie sich umarmten und der andere seines Weges zog. Ich durfte mich nie so einer Beziehung glücklich schätzen.

Ich musste nach Leonards Tod die Tatsache akzeptieren, dass die wichtigste Freundschaft, die ich jemals gehabt hatte, vorüber war. Könnte ich das Leben noch einmal leben, würde ich mich leichter zugänglich zeigen, offener sein. Mir ist klar, dass ich Mauern um mich errichtete, um andere Menschen von zu großer emotionaler Nähe abzuhalten. Ich ging nicht auf andere zu und schien zu signalisieren, dass sie sich von mir eher fernhalten sollten. Vielleicht hätte ich das ändern können, ich denke aber, dass ich mir dessen nicht in vollem Umfang bewusst war. Außerhalb der Familie hatte ich nur wenige tiefe und bedeutungsvolle Beziehungen. In der Rückschau glaube ich, dadurch einige zusätzliche schöne Momente im Leben verpasst zu haben. Ich hätte offener sein müssen, doch wusste es nicht besser.

Was im Umkehrschluss nicht überrascht, ist mein Vermögen, tiefe Beziehungen zu meinen Hunden und Pferden geführt zu haben. Jeder, der daran zweifelt, dass die Gefühle, die man in Tiere investiert, und die dadurch angeregte Resonanz nicht gleichbedeutend sind mit Freundschaften mit Menschen, hat niemals ein Haustier gehabt. Ähnlich wie bei einem Menschen müssen auch zu einem Tier zarte Bande geknüpft werden. Jede Beziehung, die ich mit einem Tier hatte, gestaltete sich anders. Zu einigen konnte ich ein wesentlich engeres Verhältnis aufbauen als zu anderen.

Und das lernte ich bei meinen Beziehungen zu Tieren: Jede Art der Verbindung beginnt mit Kommunikation. Ich glaube, dass allein schon der Versuch der Kommunikation mit einem anderen Lebewesen eine Form von Liebe darstellt. Man möchte etwas entdecken, will mehr über Tiere in Erfahrung bringen und diesen Wesen die eigene Verfügbarkeit vermitteln. Egal, wie geschickt man im Gebrauch der gemeinsamen „Sprache“ wird – allein schon das Bedürfnis nach Austausch bildet die Basis der Beziehung, was an sich schon ein großartiges Resultat darstellt. Je erfolgreicher man beim Aufbau der Kommunikation ist, desto tiefer wird die Beziehung sein. Als meine erste Ehe endete und ich auf der Ladefläche des Pick-ups lebte, war mein einziger Gefährte ein Hund. Ich entwickelte eine Abhängigkeit von ihm, die beinahe schon seinem Bedürfnis nach Futter gleichkam. Ohne das Tier wäre die Einsamkeit für mich unerträglich geworden.

Im Laufe der Zeit lernte ich verschiedene Kommunikationsformen mit Tieren. Nun gehe ich durch das Leben und suche nonverbale Wege, um mit meinen Enkeln und den Tieren zu kommunizieren. Ich habe herausgefunden, dass mich meine Hunde und Pferde verstehen, wenn ich mich mit ihnen unterhalte, auch wenn sie nicht wissen, was die Worte bedeuten. Wir kommunizieren in unterschiedlichen Sprachen. Aber auch die nonverbale Kommunikation kann viel vermitteln, wie zum Beispiel bei einer Berührung, die mehr Ausdrucksmöglichkeiten bietet, als man sich vorstellen kann. Manchmal lege in meine Stirn gegen die Stirn meines Hundes. Wir verharren dann eine bestimmte Zeit in der Position. Vielleicht transferiere ich Gedanken – ich weiß es nicht –, doch auf einer gewissen Ebene stellen wir eine Verbindung her. Das Gleiche trifft auf die Pferde zu. Am Körper eines Pferdes finden sich bestimmte Druckpunkte, die eine Botschaft aussenden: Zurück. Komm näher. Ich liebe dich. Du bist mein Freund.

Als Kind besaß ich kein Haustier, denn meiner Erinnerung nach glaubte Mutter, dass sie das Haus zu dreckig machen würden. Doch sobald ich auf eigenen Füßen stehen konnte und in der Lage war, mich um ein Tier zu kümmern, schaffte ich mir eines an. Einer der schmerzhaftesten Momente während der ersten Ehe ergab sich mit Blick auf einen Hund. Unsere Beziehung war bereits am Kriseln, da sagte sie: „Ich kann das kratzende Geräusch der Hundekrallen auf dem Linoleum nicht mehr ertragen." Das blähte sich dann zu so einem Problem auf, dass ich den Hund abgeben musste. Ich schenkte ihn einem fürsorglichen Tierarzt, bei dem ich ihn so oft wie möglich besuchte, doch ich weinte jedes Mal, wenn ich ihn wieder verlassen musste. Es war der letzte Hund, den ich weggab.

Jeden Zweifel, den ich hinsichtlich der Fähigkeit gehabt haben mag, dass ein Mensch und ein Tier eine Beziehung haben können, wurde an einem regnerischen Abend in New York City vom Winde verweht. Ich ging mit meinem Dobermann Gassi – schon vor langer Zeit habe ich mich in die Rasse verliebt und seitdem immer Dobermänner besessen – und beging den Fehler, ihn von der Leine zu lassen, damit er sein Geschäft verrichten konnte. Aus irgendeinem Grund bekam er Angst und rannte zwischen zwei parkende Autos. Ein Taxi kam auf ihn zu, doch der Fahrer bremste glücklicherweise abrupt und touchierte ihn nur. Der Hund wurde panisch und rannte zu unserem Haus zurück, doch als er dort nicht hineingelangte, hechelte er die Lexington Avenue hinunter. Ich folgte ihm schleunigst, konnte aber nicht mithalten. Daraufhin stieg ich in ein Taxi, und wir setzten die Verfolgungsjagd fort. Ich dachte nur noch an dieses verängstigte Tier allein in New York – und es war meine Schuld gewesen.

Wir fanden den Hund nicht und durchkämmten die Gegend von der 73rd Street bis ungefähr zur 50th Street. Dann stieg ich aus dem Cab und setzte die Suche zu Fuß fort. Als ich, seinen Namen rufend, die Straße entlanghetzte, bemerkte ich eine Bar auf der anderen Seite, zu der man einige Stufen hinaufgehen musste. Ich ging dort hoch, aber bitte fragen Sie mich nicht nach dem Warum. Ich schaute mich in der Bar um, doch sah ihn nirgends. Ich fragte den Barkeeper, ob er einen großen Hund gesehen habe. Er war verblüfft, nickte und erwiderte: „Gerade ist hier ein Hund reingerannt und hat sich im Hinterzimmer verkrochen."

Dort lag er – mein Hund, vor Angst zitternd. Es gab für ihn gar keinen Grund, gerade in diese Bar zu fliehen – oder vielleicht doch? Ich habe dank der Beziehungen zu meinen Tieren sehr viel gelernt, sowohl was die Pferde als auch was die Hunde betrifft. Ein Tier zu trainieren, ist wesentlich einfacher, als ein Kind aufzuziehen – doch es existieren Gemeinsamkeiten. Stopp! Ich vergleiche in keinerlei Hinsicht Kinder mit Tieren, doch die eigenen Handlungsweisen können beide formen, so wie mich meine Eltern formten. Bei beiden stellt die Liebe den wichtigen Unterschied dar. Damit gehen Vertrauen einher, Verantwortungsbewusstsein, Stolz und eine beinahe endlose emotionale Palette. Das alles mündet in eine Beziehung, aus der man große Freunde ziehen kann.

Die Mutter meiner Kinder und ich ließen uns scheiden, als die Kids noch sehr jung waren. Ich wurde ein Wochenendvater. Damals fiel mir in mehrerlei Hinsicht auf, dass ich das offensichtlich von meinem Vater gelernte Verhalten wiederholte. Ich war der Ernährer, zog in die Welt hinaus, um gegen den Drachen zu kämpfen, brachte ihnen das Essen nach Hause, blieb aber emotional distanziert. Die Arbeit, durch die ich ihre Versorgung sicherstellte, beanspruchte mich dermaßen, dass mir keine Zeit mehr für sie übrig blieb. Ich versuchte, das zu ändern, versuchte, am Wochenende etwas mit ihnen zu unternehmen, egal, ob es sich um Ponyreiten oder einen Ausflug handelte – Hauptsache, es amüsierte und vergnügte die Kinder.

Bis zu einem bestimmten Grad muss der Plan aufgegangen sein, denn sie lernten, sich auf mich zu verlassen und mich zu akzeptieren. Ich bin mir nicht sicher, ob ich das damals annehmen konnte, doch es stellte sich als wertvoll heraus. Sie wussten, dass ich für sie da war, auch wenn ich nicht im selben Haus lebte. Was es für mich schwierig machte: Ich hatte all das Wissen, das ich mit meinen Kindern teilen wollte, all die Kenntnisse und Erfahrungen, die ich ihnen vermitteln wollte, aber sie interessierte es mehr, mit den Freunden zu spielen. Somit musste ich lernen, mich zurückzuhalten. Ich hätte am liebsten gesagt: „Hört doch mal zu. Ich muss euch etwas Wichtiges sagen“, doch stattdessen lernte ich, die Information in Portionen aufzuteilen. Man muss behutsam vorgehen, Häppchen für Häppchen servieren, egal, ob es sich nun um ein Festbankett oder Fast Food handelt. Es ich wichtig, jede Möglichkeit zu nutzen, aber niemanden etwas aufzudrängen. Was meiner Erfahrung nach als der wohl wichtigste Ratschlag aller Zeiten erscheint, ist für einen jungen Menschen möglicherweise weniger interessant als die letzte Text-Message eines Freundes, der in einer Mall abhängt. Ich musste lernen, mich – oder besser gesagt meine „profunde Weisheit“ – nicht allzu ernst zu nehmen.

Mittlerweile bin ich mir sicher – dank eigener Erfahrungen oder der anderer Menschen –, dass keine magische Formel zur Kindererziehung existiert, abgesehen davon, dass man sein Bestes geben und den Kids seine Liebe zeigen muss. Und steinigen Sie sich nicht gleich, wenn es nicht perfekt läuft. Es wird niemals perfekt werden. Jeder Mensch ist einzigartig, und das trifft auch auf jede Beziehung zu. Was immer ich tat, was immer ihre Mutter machte – und sogar angesichts der Spannung zwischen uns Eltern –, es ist mir gelungen, eine liebevolle Beziehung zu meinen Töchtern aufzubauen und zu erhalten.

Und was mich noch mehr freut: Endlich lernte ich mich zu öffnen, zumindest teilweise, und konnte dadurch auch eine liebevolle Beziehung zu meinen Enkeln aufbauen. Ich bin überzeugt, dass die wunderbarste Erfahrung für einen Großvater darin besteht, sein Enkelkind fest an sich zu drücken und es dann seinen Eltern mit der Bemerkung zurückzugeben: „Hier, es ist euer Kind."

Und dann ins Kino zu gehen.

Großeltern steht meist mehr Zeit für ihre Enkel zur Verfügung, als sie für ihre Kinder hatten. Das ist die Realität des Lebens. Und mit dieser Zeit stellt sich ein tiefgreifendes Verständnis zwischen Großeltern und ihren direkten Nachkommen ein. Es ist für mich nie intensiv genug oder findet zu selten statt, doch ich akzeptiere das, was ich bekommen kann.

Für jemanden, der es früher gar nicht erwarten konnte, aus dem Haus in die Welt zu fliehen, setze ich mich heute nach allen Kräften dafür ein, um die Familienmitglieder einander näherzubringen. 2016 ließ ich für alle 14 schöne Armbänder anfertigen. Auf ihnen sieht man Liebessymbole der Maori, und auf der Innenseite wurde „Love is forever" eingraviert. Ich trage meins die ganze Zeit über. Eines Tages bemerkte ich, dass meine Enkelin Natasha ihr Armband nicht trug, woraufhin ich sie fragte, wo es sei. Sie antwortete: „Es ist der wertvollste Gegenstand, den ich besitze, und darum habe ich ihn weggelegt. Ich möchte ihn nicht verlieren."

„Du musst ihn aber tragen", riet ich ihr.

Meine Familie wirkt heute wie ein Schutzwall gegen die Welt, aber auch gegen meine Dämonen.

Betrachte ich die gesamte Bandbreite an Beziehungen, ist die wohl schwierigste eine Beziehung mit einem Menschen, mit dem man zusammenlebt, egal, ob verheiratet oder nicht. Das ist schon faszinierend: Es ist das engste Verhältnis, nach dem sich die Menschen sehnen – mit jemandem verbunden zu sein und zusammenzuleben. Ich erinnere mich an einen Tag, an dem ich in den Vorgarten ging und zwei Schnecken sah. Sie waren aus ihren Schutzpanzern gekrochen und erschauderten vor Leidenschaft, als sie sich umschlangen. Schnecken! Aber trotzdem ist das gemeinsame Leben mit einem anderen Menschen von Problemen geprägt.

Gelegentlich werde ich von jüngeren Menschen um Ehetipps gebeten. Mein Ratschlag ist noch empathischer als andere Tipps. Ich rate ihnen, meinen Ratschlag zu ignorieren. Doch was ich hinsichtlich des Themas verstanden habe, mag das Geheimnis jeder Art von erfolgreicher Beziehung sein: Um eine Beziehung zu einer anderen Person zu knüpfen, muss man ihn oder sie grundsätzlich verstehen – doch noch wichtiger ist es, sich selbst zu verstehen.

Verstehen Sie sich selbst. Seien Sie ehrlich zu sich. Warum machte ich das eben? Welches Bedürfnis wollte ich hier befriedigen? Was verstand oder begriff ich nicht? Das ist wohl das schwierigste Unterfangen, dem sich ein Mensch stellen kann. Wir alle haben unsere Maskierungen, die wir der Welt präsentieren, darauf hinweisend, es sei unser Ich. Doch meist ist es das nicht – es ist die Person, als die man gerne gesehen werden würde. Sich vor einem anderen Menschen auszuziehen, kann für einige schwierig sein; sich jedoch emotional zu entblößen, ist noch weitaus schwieriger. Das ist in der Ehe oder einer engen und hingebungsvollen Beziehung aber eine absolute Notwendigkeit.

Schaue ich auf das Leben zurück, erkenne ich, wie sehr ich meine Gefühle zu schützen versuchte. Und das erschwerte für mich eine engere Beziehung in jeglicher Ausprägung. In meinem Alter weiß ich mit Sicherheit, dass ich ein besserer Schauspieler bin als zu irgendeinem früheren Zeitpunkt. Ich reite mindestens noch genauso gut oder sogar besser als früher. Und mir ist klar, dass ich mit 87 Jahren noch fähiger bin, eine gute Beziehung zu führen als je zuvor. Elizabeth hat eindeutig zu meinem Verständnis und der Akzeptanz dieses Sachverhalts beigetragen. Vielleicht war ich bereit für so einen Menschen in meinem Leben, da ich während der früheren Ehen genügend Dramen erlebt habe. Elizabeth und ich konnten uns so akzeptieren, wie wir sind, mit all den Erfahrungen, die wir in die Ehe mitbrachten. Das Resultat ist eine zutiefst befriedigende Beziehung auf allen wichtigen Ebenen.

Merkwürdigerweise postulierte David Rockefeller, einer der reichsten Menschen der Welt, einmal recht zutreffend: „Ich bin überzeugt, dass materielle Dinge zum Lebensgenuss beitragen können, doch wenn man weder gute Freunde noch Verwandte hat, die einem viel bedeuten, ist das Leben im Grunde genommen leer und traurig, womit auch die Bedeutung des Materiellen schwindet."

Das ist eine Lektion, die ich während des gesamten Lebens lernen musste.

9.
Meine grundlegenden Ansichten

Im Laufe meiner Karriere habe ich einige ungewöhnliche Charaktere mit philosophischem Hintergrund gespielt: Captain James T. Kirk wurde kontinuierlich mit den aus dem Gleichgewicht geratenen Mechanismen eines endlos faszinierenden Universums konfrontiert, was ihn zur Korrektur der Missstände zwang – jedoch ohne den Moralkodex der Erde anderen Zivilisationen überzustülpen. Polizei-Sergeant T. J. Hooker hatte die Abgründe des Menschseins kennengelernt und hegte kaum Illusionen bezüglich der guten Seiten des Individuums. Stattdessen stellte er sich der Welt. Wenn sie ihm einen Schlag direkt ins Gesicht verpasste, reagierte er unverblümt und ohne zu zögern. Denny Crane war ständig verblüfft, da die Welt nicht einzig und allein existierte, um seine Bedürfnisse zu befriedigen, doch er unternahm alles in seiner Macht Stehende, um den „Fehler" zu korrigieren.

Ich fand heraus, dass es recht simpel ist, eine Lebensphilosophie zu haben – vorausgesetzt, die richtigen Autoren verfassen das Drehbuch. Für sich selbst moralische Prinzipien für das eigene Leben aufzustellen, ist weitaus komplizierter. Allerdings scheinen die Grundlagen einfach zu sein: Vollbringen Sie gute Taten. Vermeiden Sie es, andere Menschen zu verletzen. Seien Sie ehrlich. Wer könnte solche angenehmen Ansätze ablehnen? Ich habe das Leben als immerwährenden Arbeitsprozess gesehen. Es überrascht mich stets aufs Neue, dass mich in meinem Alter Ereignisse immer noch ständig überraschen. Ich würde gerne glauben, mittlerweile mein Verhalten in einer bestimmten Situation mit Sicherheit vorhersagen zu können. Obwohl das manchmal zutrifft, liege ich manchmal aber eben auch falsch. Die Erfahrungen lehrten mich, dass ich – je nach der individuellen Lage – gelegentlich meine hochgehaltenen Prinzipien kompromittieren musste.

Wir glauben allzu gerne dem fälschlicherweise Alexander Hamilton zugeschriebenen Sprichwort: „Wenn man für nichts einsteht, muss man auch nicht umfallen." Und somit folgen wir einer vage formulierten Ansammlung von Prinzipien, einer Moral, aufgeschnappt aus den wichtigsten Leitsätzen derer, die uns am stärksten beeinflussten. Schließlich verinnerlichen wir die Ansätze – glauben, sie seien die einzig richtigen – und haben Probleme zu verstehen, dass jemand exakt an das Gegenteil unserer Handlungsweisen glaubt.

Eine Schwierigkeit meines Lebens bestand darin, dass die Prinzipen anderer Menschen, ihre Bedürfnisse, Begehrlichkeiten und ihre Realität oft mit meiner Einstellung in Konflikt standen. Obwohl ich meinen Lebensweg so gestaltete, dass ich andere nach Möglichkeit nicht verletzte, ließ sich das nicht immer verhindern. Manchmal arbeitete ich an einer Serie, wo man mir ein weniger als akzeptables Drehbuch in die Hand drückte. Ehrlichkeit hätte bedeutet, den Autor zu verletzen und ihn möglicherweise um seinen Job zu bringen. Bei *Star Trek* bedeutete das einen Kampf mit den Produzenten. Welche Entscheidung ich auch fällte – es bedeutete, eins meiner eher flexiblen Prinzipien aufzugeben. Wie die meisten Menschen versuchte ich, möglichst mehr Gutes zu hinterlassen als Schlechtes. Aber wie die meisten anderen war ich dabei nicht immer erfolgreich. Es gibt Menschen, die sich durch meine Handlungen verletzt fühlten. Ich glaube, dass es geradezu unmöglich ist, 87 Jahre durch das Leben zu gehen, ohne Wut und Verbitterung zu verursachen. Es gab Momente, in denen meine Bedürfnisse mit denen anderer kollidierten.

Zum Beispiel war meine erste Frau jahrzehntelang wütend auf mich wegen realer und eingebildeter eher nichtiger Seitenhiebe.

Und ehrlich gesagt, habe auch ich mich an meinen Ärger geklammert. Einige Mitglieder der *Raumschiff Enterprise*-Besetzung haben mir niemals Handlungen vergeben, von denen ich gar nicht weiß, sie begangen zu haben. Ich verstehe und akzeptiere die Tatsache, dass Menschen ein und dieselbe Handlung erleben und zu unterschiedlichen Rückschlüssen über deren Bedeutung kommen. Doch ich kann mich an kein einziges Mal erinnern, an dem ich jemanden absichtlich verletzen, an dem ich wissentlich einem anderen Menschen Schaden zufügen wollte. Ich kann ohne zu zögern behaupten, meinen grundlegenden Prinzipien stets treu gewesen zu sein, wie auch immer sie zu der Zeit lauteten.

Einer der interessantesten Aspekte meines Berufs ist die Chance, mich für eine kurze Zeit in eine Vielzahl moralischer Strukturen einzuleben, sie zu „testen". Viele Schauspieler glauben, dass das Spielen einer Rolle verlangt, für einen kurzen Zeitraum ein anderer Charakter zu werden. Ich glaube nicht, jemals einen Charakter so kompromisslos verinnerlicht zu haben, doch wenn ich ein Leben auf der Bühne oder im Film kreiere, durchdenke ich alle moralischen Implikationen dieser Person. Mir ist es wichtig, dem Charakter eine moralische Konsistenz zu verleihen, damit er zum Leben erwacht. Und böse Menschen müssen nicht unbedingt immer schwarze Hüte tragen.

In meinem Leben ging das jedoch nicht so einfach vonstatten. Natürlich habe ich die grundlegenden moralischen Prinzipien unserer Gesellschaft respektiert und befolgt. Eins meiner Enkelkinder wurde beim Diebstahl eines eher unbedeutenden Gegenstands erwischt. Der Wert machte uns keine Sorgen, vielmehr die Tat, der Diebstahl an sich. Hier zeigte sich ein fundamentales Richtig und Falsch. Obwohl seine Eltern sich mit dem Problem auseinandersetzten, hatte ich auch etwas damit zu tun. Ich erklärte meiner Enkelin: „Lügen und Stehlen wird dich zerstören."

Essenziell wollte ich ihr – basierend auf meinen Erfahrungen – einen wichtigen Ansatz vermitteln: Einerseits mag man ein Bernie Madoff werden, der wohl geschickteste Dieb, den wir jemals sahen, aber andererseits sitzt Bernie Madoff im Knast und wünscht sich vielleicht, tot zu sein. Lüge nicht, betrüge nicht, stehle nicht. Versuche, Gutes zu tun, verletze kein Lebewesen, und, davon abgesehen, hängt der Rest von dir ab.

Ich bin heute ein grundsätzlich anderer Mensch verglichen mit früheren Lebensphasen – und das ist eine der Wahrheiten, die ich erkannt habe. Das, was einst essenziell erschien, ist nicht mehr länger wichtig. Viele meiner Ansichten haben sich verändert und sogar einige der Prinzipien. Ich musste den Wandel im Leben zulassen, ob es eine Wahl oder Notwendigkeit war – und seitdem hat sich mein Leben zum Positiven gewendet.

Es kommt mir oft so vor, also ob viele einen endlosen Kampf zwischen Moral und Prinzipien austrügen. Ich habe Menschen postulieren gehört, sie würden strikt nach ihren Prinzipien leben, und diese seien unumstößlich. Es gebe ein Richtig und ein Falsch, und der Unterschied sei klar definiert. Sie wissen, wer sie sind, was sie glauben, und das sind die Leitsterne ihres Lebens. Manchmal erklären sie das zur Ehrensache – das prinzipientreue Leben als eine Form der Ehre. Ich verstehe das.

Vor der Eröffnung einer Broadway-Show finden ausgiebige Proben statt. Jede Zeile und jeder Moment werden geübt. Ob man den Mantel über eine Stuhllehne hängt oder ihn auf eine Couch wirft, wird vom Regisseur bestimmt, und was auch immer er vorsieht, darf nicht jeden Abend verändert werden. Sogar eine minimale Abweichung kann die komplette Aufführung aus dem Gleichgewicht bringen. Theoretisch sollte also jede Show identisch mit der Premierenvorstellung sein. Doch die Realität gestaltet sich anders. Das Theater lässt sich nicht mit dem Medium Film vergleichen, denn hinsichtlich subtiler Feinheiten verändert es sich ständig. Wenn man zum Beispiel ein Glas Wasser schluderig einige Zentimeter vom vorgesehenen Platz abstellt, werden daraus im Laufe der Zeit vielleicht 30 Zentimeter. Winzige Details ändern sich, akkumulieren sich und werden dann zu einer größeren Veränderung. Ändert man zum Beispiel die Betonung einer Zeile, kann aus einer Frage eine Aussage werden, wodurch das Publikum die vom Autor vorhergesehenen wichtigen Informationen nicht mehr versteht. Jeder Darsteller auf der kleinen Bühne eines Theaters muss die kleinste Veränderung zur Kenntnis nehmen und sie korrigieren. Geschieht das nicht, sind alle Kollegen gezwungen, sich darauf einzustellen. Ich habe herausgefunden, dass das auch auf das Leben zutrifft.

Einerseits: „Friert" man sein Leben ein, hat man sich treu an die Prinzipien gehalten. („Daran glaube ich unter allen Umständen.") Andererseits hat man sich dadurch nicht auf den allgegenwärtigen Wandel eingestellt. Exakt dadurch entsteht ein Konflikt von Prinzipien und eigentlich nötigen Kompromissen.

Alle kennen Menschen, die sagten: „Das sind meine Prinzipien." Meist geschieht das mit erhobenem Zeigefinger, um das autoritäre Erscheinungsbild noch zu unterstreichen. Meist romantisieren wir die Person, die ihren Prinzipien treu bleibt und sich eines Kompromisses erwehrt. Wie aber schon Sir Thomas Morus [Autor des Klassikers *Utopia*] lernen musste, kann das dazu führen, geköpft zu werden. Thomas Morus unterstrich seinen Standpunkt, aber auch König Heinrich VIII. ließ sich seine Einstellung nicht nehmen. Allerdings agierte der König etwas handfester und nachdrücklicher.

Ich habe die Unbeirrbarkeit oft bei der Schauspielerei erlebt, denn Darsteller verteidigen häufig ihre Auslegung einer Rolle. Einer der erinnerungswürdigsten Sketche von *Saturday Night Live* hieß „The Coneheads". Er handelte von Aliens mit einem konisch spitz zulaufenden Kopf und war leicht durchschaubare Comedy. Sie wurden in ihren Bemühungen, die Gesellschaft zu verstehen, absichtlich absurd dargestellt. Angeblich sollen die Schauspieler – nachdem der Sketch populär geworden war – an einer Neubearbeitung getüftelt haben. Anlässlich einer Szene meckerte einer von ihnen und erklärte felsenfest: „Oh, nein, ein Conehead würde das nie machen!" Wer hätte wissen können, dass diese Aliens mit den konischen Köpfen unumstößliche Prinzipien haben?

Ich schätze, dass ist ein anschauliches Beispiel, um die Unfähigkeit zum Kompromiss zu illustrieren: Die Coneheads würden so etwas nie machen! Es ist zudem ein regelmäßig auftauchendes Problem in meinem Beruf. Der Regisseur schwärmt: „Ich habe eine Vision, und das müsst ihr machen, um meine Vision zu verwirklichen." Daraufhin antwortet ein Darsteller: „Ich verstehe die Rolle viel besser als Sie selbst. Ich habe meinen Charakter kreiert, und er würde so etwas niemals machen. Es passt nicht zu dem, was ihn [oder sie] ausmacht." Einen Charakter zu kreieren, bedeutet, dieselbe Rolle im Juni wie im Januar zu verkörpern, obwohl sich der Regisseur eventuell im Januar gar nicht am Set aufhielt und davon nichts weiß. Da ich sowohl als Schauspieler als auch Regisseur tätig war, habe ich beide Seiten dieser besonderen Gleichung erlebt.

Versuchen Sie mir bitte zu erklären, wie man in so einer Situation einen Kompromiss schmiedet. Und in diesem Fall steht nur eine Aufführung auf dem Spiel. Das wahre Leben ist weitaus komplexer, und die Konsequenzen erweisen sich als weitreichender und bedeutsamer. Über die israelischen Fallschirmjäger – die 55th Paratrooper Brigade – wurde ein wunderbares Buch geschrieben. Sie gelten als Israels „Speerspitze" und zählen zu den besten Eliteeinheiten der Welt. Zu einem gewissen Zeitpunkt entdeckte die israelische Geheimpolizei jedoch, dass eins der Mitglieder mit den Palästinensern gemeinsame Sache machte. Nachdem der Soldat festgenommen worden war, erklärte der Mann, er habe die Aktionen wegen seiner Prinzipien begangen. Er glaubte, eine Zweistaatenlösung sei der Weg zum Frieden und seine Taten trieben diesen Prozess voran. Falls notwendig, würde er seine Freiheit und sogar sein Leben diesen Prinzipien opfern. Und auch wenn diese das Leben seiner Kameraden in Gefahr bringen würden, hätte er sich geweigert, Kompromisse einzugehen.

Ich verstehe die Argumentation, stimme ihr nicht zu, kann sie aber nachvollziehen. Wir erleben die Resultate dieses Denkansatzes in der jüngsten amerikanischen Politik. Beide Seiten können sich auf keinen gemeinsamen Nenner verständigen – sie beharren auf ihren politischen Prinzipien, was dazu führt, dass kaum etwas erreicht wird. Im Verlauf meines Lebens habe ich die Vorzüge von Kompromissen beobachtet, eine Lösung, bei der beiden Seiten zumindest einen Teil ihrer Interessen durchsetzten. Warum sollte man wegen eines feststehenden Vorsatzes ins Gefängnis gehen? In meinem Alter habe ich gelernt, jeden Tag mit dem Maß an Wertschätzung zu genießen, den auch meine Enkel verinnerlichen sollten. Jeder Tag ist unendlich kostbar. Den Himmel zu sehen, die Luft zu atmen, einen Weg entlangzuschlendern und seinen Körper zu fühlen, ist großartig, da man nur eine begrenzte Lebenszeit zur Verfügung hat. Dennoch: Es gibt Menschen, die bereit sind, bereit, für ein Prinzip einzustehen, sogar Jahre ins Gefängnis zu gehen und sich standhaft zu weigern, von ihrer Einstellung abzulassen. Was ist wertvoller? Die Freiheit oder die Prinzipien? Jeder Mensch muss diese Frage für sich selbst beantworten.

Natürlich lassen sich Ausnahmen anführen. Viele Menschen glauben, dass Jesus Christus sein Leben gab, um ihnen eine Botschaft zu senden. Das wohl außergewöhnlichste Beispiel habe ich selbst in der Person von Nelson Mandela beobachtet. Er war bereit, den größten Teil seines Lebens im Gefängnis zu verbringen, um damit gegen die unmenschliche Behandlung der Schwarzen seitens der südafrikanischen Regierung zu protestieren. Wie könnte man so einen Menschen nicht bewundern? Er war ein beeindruckender Mann, dessen Weigerung, einen Kompromiss einzugehen, wortwörtlich die ganze Welt veränderte. Ich denke auch so über Soldaten, die im Fall der Bedrohung ihres Landes in den Kampf ziehen. Von Natur aus neigen wir zum Clan-Verhalten, schützen unsere „Höhle“, unseren „Stamm“ und unser Land. Wir entsenden die jungen Menschen zum Schutz des Clans. Wenn die Nazis in unser Land eindringen, muss man gegen sie kämpfen. Wenn der faschistische Staat beabsichtigt, die Familie umzubringen, muss man dagegen kämpfen. Ich kann diese Tendenz auch bei mir beobachten, denn ich stelle mich vor meine Familie, um sie vor Unterdrückern zu beschützen. Die Moral und die Ethik verändern sich permanent, und es ist absurd, das nicht anzuerkennen: Du sollst nicht töten, doch in Wahrheit „soll“ man unter bestimmten – schwerwiegenden – Voraussetzungen doch töten.

Natürlich lassen sich Prinzipien aufzeigen, für die sich Kampf und Tod rechtfertigen lassen, aber das sind Extreme, und die meisten Menschen werden niemals in so eine Lage geraten. Meist sind wir mit individuellen und unbedeutenderen Situationen konfrontiert. An einem Tag im Jahr 2015 fuhr ich auf dem Ventura Boulevard und musste nach links abbiegen. Wahrscheinlich schnitt ich einen hinter mir fahrenden Wagen, da dieser nah auffuhr und der Fahrer auf die Hupe drückte – sehr oft. Es war sein Raum gewesen, und ich war dort eingedrungen. Er verhielt sich angemessen, ich hatte einen Fehler begangen, und er unterstrich seinen Anspruch. Ich bog dann nach links ab und glaubte, damit sei alles beendet, doch er folgte mir. Nun rasten wir über die Straße, ich gab ordentlich Gas, doch er ließ sich nicht abschütteln. Ich überholte einen Truck, dachte, ihn damit abzuschütteln, doch durch ein erstklassiges Manöver sauste auch er an dem Truck vorbei und fädelte sich direkt vor mir ein. Ich musste voll auf die Bremse treten. Ein junger Mann sprang förmlich auf dem Wagen und stapfte auf mich zu. Ich stieg aus und schritt mit geballten Fäusten auf ihn zu. Um was zu machen? Hätten wir uns geprügelt, hätte er mich mit einem Schlag zu Brei verwandelt. Doch ich war bereit zu kämpfen, wollte nicht klein beigeben. Die ganze Situation war von einem dummen Fahrfehler meinerseits hin zu einer potenziell gefährlichen Situation eskaliert. Keiner wollte nachgeben. Wir mussten unsere Ehre verteidigen. Unsere Prinzipien!

Und dann: „William Shatner. Ich habe für Sie Stunts gemacht!" Er war ein professioneller Stuntman, und wir hatten schon zusammen gearbeitet. Da begannen wir beide über die Absurdität der ganzen Situation zu lachen.

Für Juden bedeutete das Beharren auf Prinzipien oftmals den Tod. Während der spanischen Inquisition wurde ihnen eine Wahlmöglichkeit unterbreitet: Schwöre deiner Religion ab oder stirb. Meine Antwort wäre ganz simpel ausgefallen: „Ich bin das ganze Leben Katholik gewesen. Ich glaube an Jesus, und Jesus wird mich erlösen." Vor und besonders während des Zweiten Weltkriegs war das Eingeständnis der Religion ein grausiges Präludium zur Todesstrafe. Zahlreiche Juden lebten lieber als Christen, statt als Juden zu sterben.

Natürlich tendieren wir dazu, die Menschen zu bewundern, die ihr Leben für ihre Prinzipien opferten. Zu sterben, nur um den Beweis zu erbringen, dass das Beharren auf den Prinzipen wichtiger ist als das Leben an sich, ist aber eine sinnlose Handlung. Zu leben und die Prinzipien kundzutun und zu verbreiten, erscheint mir effektiver. Johanna von Orléans wurde auf dem Scheiterhaufen verbrannt, da sie ihre Prinzipien nicht kompromittieren wollte. Sir Thomas Morus – wie bereits erwähnt – wurde geköpft, da er nicht von seinen Prinzipien abwich. Die Menschen nehmen einen besonderen Platz in unserer Geschichte ein, da sie für ihre ethischen Grundsätze gestorben sind. Doch was ist sinnvoller, sein Leben zu retten und weiterhin für seine Werte zu kämpfen oder für die Moral und das Prinzip zu sterben? Ich weiß nicht, ob mir an dieser Stelle ein Richtig/Falsch-Urteil für andere zusteht, bin mir aber sicher, wie ich darüber denke.

Warum konnten sie keine Kompromisse eingehen? Warum sagte Johanna von Orléans nicht: „Ich habe eine gespaltene Persönlichkeit; ich bin bipolar“ – und nachdem die Aufseher gegangen waren: „Ich bin nicht bipolar und habe das nur gesagt, um zu überleben.“ Warum konntest du deinen Glauben nicht vor den Inquisitoren verleugnen? Nachdem sie abgezogen waren, hättest du in einem Keller beten können oder an einem anderen Ort. Der deutsch-jüdische Philosoph Marin Buber lehnte sich gegen die Nazis auf, als diese anti-jüdische Gesetze durchsetzten und riskierte dadurch sein Leben. Doch als er die Konsequenzen seiner Handlungen verstand, suchte er einen Kompromiss und fand ihn im Verlassen seines geliebten Deutschlands und in der Einreise 1938 in das damalige Palästina. Was ist das für ein Prinzip, das einzig und allein das strikte Beharren erfordert und keinen Raum für einen Kompromiss zulässt? Das Mysterium befremdet und fasziniert mich. Wenn ich darüber nachdenke, kann ich mein Verhalten nicht zweifelsfrei vorhersagen. Was hätte ich gemacht? Als Jude, der vor dem Zweiten Weltkrieg geboren wurde, muss man darüber nachdenken, wie man sich, gefangen im damaligen Europa, verhalten hätte. Ich würde gerne glauben, einen Weg zum Überleben gefunden zu haben. Ich würde gerne glauben, alles Notwendige zum Überleben unternommen zu haben.

Was für ein Persönlichkeitstyp äußert sich in einem kompromisslosen Beharren auf Prinzipien? Es muss eine sehr unflexible Person sein, vollkommen unflexibel, und auf eine bestimmte Art größenwahnsinnig. Ich glaube, das ist die einzig wahre Antwort, und es ist die einzig wahre Antwort, weil ich daran glaube.

Meiner Erfahrung nach gibt es fast immer einen dritten Weg, und dieser dritte Weg – der Kompromiss – erweist sich oft als besser als die Alternativen. Es gibt so viele Möglichkeiten, eine Zeile auszusprechen oder ein Leben zu führen, doch nur einen Weg, wenn man auf Prinzipien pocht.

Ich vermute, dass die Religion in meinem Erwachsenenleben keine bedeutende Rolle gespielt hat, da ich dazu neige, von einer vorgeschriebenen Orthodoxie abzuweichen. Mir widerstreben Ansätze wie: Das ist der Weg, den du befolgen musst. Machst du das nicht, wirst du für alle Ewigkeiten in der Hölle schmoren oder musst zumindest Buße tun. Wie ich zuvor schon schrieb, sind wir alle unterschiedlich und einzigartig. Der Grund, warum ich zögere, konkrete Ratschläge zu geben, liegt darin begründet, dass ich nicht die leiseste Idee habe, was für einen anderen falsch oder richtig ist. Das einzige Prinzip, das sich in meinem Leben als praktikabel und sinnvoll herausgestellt hat, besteht darin, seinen Prinzipien nicht zu starr zu folgen. Stellen Sie keinen rigiden Ansatz in den Raum, was denn nun falsch oder richtig ist, unterlassen Sie Behauptungen, was Sie machen wollen oder nicht. Viel zu häufig geraten wir in einen Konflikt mit einem anderen Menschen, dessen Prinzipien gegenteilig ausfallen. Und exakt in diesen Momenten wünscht man sich, dass der andere unbewaffnet ist. Hier erkennt man, einen Kompromiss eingehen zu müssen! Es existiert eine Vielzahl von Ausdrücken, die exakt so eine Situation beschreiben: nachgeben, seine Ideale verkaufen – alles abwertende Termini, die schlussfolgern lassen, man würde etwas Falsches machen. Ich habe einen Freund, der in solch schwierigen Situationen immer den Humor einsetzte. Mit der Möglichkeit eines Kampfes konfrontiert, richtete er sich gerade auf und erklärte seinem Gegenüber: „Es gibt nur zwei Möglichkeiten, wenn wir uns prügeln. Entweder werde ich verletzt, oder ich werde schwer verletzt." Das löste die angespannte Situation immer auf.

Das Leben besteht aus einer kontinuierlichen Reihe von Kompromissen. Viele von ihnen sind eher einfacher Natur: Wir werden nicht nach Santa Babara fahren, sondern nach Rancho Santa Fe. Ich werde den Zucker reduzieren, aber immer noch den Nachtisch zu mir nehmen. Jeden Tag müssen jedoch lebensverändernde Entscheidungen gefällt werden. Soll man den angebotenen Lehrerjob annehmen oder weiterhin als Keller arbeiten oder anderen unterbezahlten Tätigkeiten nachgehen, die aber genügend Freiraum zum Vorsprechen um 11 Uhr morgens lassen? Soll man die Charakterrolle annehmen, in der man einen bösen Protagonisten verkörpert, oder die unbedeutende Rolle, wenn man wirklich an seine großen schauspielerischen Fähigkeiten glaubt? Martin Buber verstand die Problematik. Er schrieb: „Ich akzeptiere keine absolutistischen Formeln für das Leben. Kein vorformulierter Kodex kann alles vorhersehen, was im Leben eines Menschen geschehen mag. Während wir leben, wachsen wir und verändern unsere Glaubenssätze. Sie müssen sich verändern. Und so denke ich, wir sollten mit dem Ansatz der konstanten Entdeckungen leben. Wir sollten dem Abenteuer mit einer erhöhten Aufmerksamkeit begegnen, unsere Existenz aufs Spiel setzen zugunsten des Erforschens und Erfahrens."

Die Schwierigkeit besteht darin, den idealen Zeitpunkt für Kompromisse zu finden. Wann beharrt man auf seinem Prinzip, und wann ist es sinnvoller, einen Kompromiss einzugehen? Wann weigert man sich, für die Nationalhymne aufzustehen wie Colin Kaepernick, Quarterback der San Francisco 49ers, und wann richtet man sich auf? Wann schlägt man ein Jobangebot aus, beendet eine Beziehung, geht weg? Die Antwort auf die Fragen fällt für uns alle unterschiedlich aus.

Allerdings garantieren Kompromisse nur, dass keine der beiden Parteien ihre Wünsche vollumfänglich durchsetzt. Manchmal stellen sie sich als richtig heraus, aber manchmal auch als falsch. Ein Kompromiss kann ein wirksames Verhandlungswerkzeug sein. Zum Beispiel: Eventuell endet die Ausarbeitung eines Vertrags mit einer niedrigeren Summe, als ursprünglich anvisiert. Das mutet zuerst ungünstig an, kann aber auf lange Sicht recht fruchtbar sein. Die Schauspielerei und das Regieführen sind gemeinschaftliche Projekte, die von Natur aus einen Kompromiss erfordern. Als ich bei einem *Star Trek*-Film Regie führte, fiel mir dieses wunderbare Konzept ein: Die Enterprise suchte nach Gott, fand aber den Teufel. Stellen Sie sich das vor: Die Crew, die sich aus der Hölle freikämpft. Die sich bietenden Ausgestaltungsmöglichkeiten waren der reine Wahnsinn, und in meinem Kopf spielten die Ideen regelrecht verrückt. Dann schmetterte der Produzent Gene Rodenberry den Vorschlag ab. Er meckerte, es sei potenziell zu kontrovers, könnte zu vielen Zuschauern widerstreben. Schließlich einigten wir uns auf einen Kompromiss. Statt auf den wahren Teufel zu treffen, begegnete die Crew einem Alien, der glaubte, der Teufel zu sein.

Ich stand vor der Wahl: Ich konnte den Kompromiss akzeptieren oder mich weigern, Regie zu führen. Leider machte ich einen Fehler und ließ mich breitschlagen, mit dem Resultat, dass der Streifen von Anfang an unter einem schlechten Stern stand.

Ich habe Entscheidungen gefällt, viele Entscheidungen, die ich, aus heutiger Perspektive betrachtet, ändern würde, wäre es nur möglich. Doch zum damaligen Zeitpunkt wusste ich es nicht anders und fällte die bestmögliche Entscheidung für mich. Zurückblickend mag es nicht die beste Wahl gewesen sein, doch sie war mit meinem damaligen Ich konsistent. Ich wollte den Film unter allen Umständen drehen und zeigte mich zu dem Kompromiss bereit, um mein Ziel zu erreichen. Für mich war das damals die richtige Entscheidung. Ich zeigte mich gewillt, die Prinzipien ein wenig zu beugen, doch das Resultat verdeutlichte, dass ich falsch lag.

Ich vermute, wir alle sehen uns in den meisten Belangen während des gesamten Lebens als denselben Menschen. Tja, ich bin hier, um Ihnen zu erklären, dass wir es nicht sind. Jeder, der behauptet, noch dieselben Prinzipien zu haben wie in seinen Zwanzigern, hat ganz einfach nichts aus seinen Erfahrungen gelernt. Ich habe mich im Laufe des Lebens oft verändert. Wir akzeptieren die körperlichen Veränderungen aus der Notwendigkeit heraus: Wird man älter, schmerzen die Füße, die Beine und die Schultern. Ich liebe das Skifahren so sehr wie das Reiten, muss mich jedoch mit der Tatsache abfinden, dass meine Beine dafür nicht mehr geeignet sind. Ich kann meinen Körper nicht mehr genügend beugen, und die Beine sind nicht mehr so stark wie früher. Würde ich stürzen, hätte ich Schwierigkeiten, aufzustehen. Das trifft auch auf durchgemachte und durchzechte Nächte zu, nach denen man früher pünktlich zur morgendlichen Arbeit erschien. An einem bestimmten Punkt weist der Körper darauf hin, das zu vermeiden, und somit muss man sein Verhalten ändern. Ich versuche, den Wandel so gut wie möglich zu verlangsamen, denn ich will den Alterswehwehchen nicht die Oberhand lassen. Allerdings muss ich die notwendigen körperlichen Anpassungen erkennen und akzeptieren.

Auch habe ich einen Wandel meiner Moral beobachtet. Dass ich einmal die Jagd nach Wildtieren zelebriert habe, verblüfft und entsetzt mich. Ich fand es nicht falsch, wunderschöne Tiere zu jagen und zu töten und tat es, ohne nur eine Sekunde lang zu zögern. Ich betrieb es als Sport, ließ sogar Fernsehcrews daran teilhaben, die meine „Leistungsfähigkeit" mit Pfeil und Bogen mit der Kamera dokumentierten. Wer war dieser Mensch? Wann änderte ich mich? Was stieß die Veränderung an? Und das war nur eine der vielen Veränderungen, dich ich durchmachte, während ich beim Älterwerden Wissen und Erfahrungen sammelte. Was geschah mit den Prinzipien, an denen ich früher so festhielt, an die ich so leidenschaftlich glaubte? Niemand kann an die Unantastbarkeit der Schöpfung glauben, während er Lebewesen tötet. Ich kann jedoch Freunde, die jagen und das erlegte Wild essen, nur bedingt missbilligen. Es ist ihre Entscheidung. Doch nun erlebe ich mich als Menschen, der aus einer Vielzahl von Gründen – darunter auch philosophische – kaum mehr Fleisch isst. Möglicherweise kam mit zunehmendem Alter eine größere Wertschätzung allen Lebens hinzu, verglichen mit jüngeren Jahren. Vielleicht.

Viele Menschen stemmen sich gegen den Wandel. Sie glauben: Das hat sich für mich ausgezahlt, warum sollte ich es verändern? Sie denken: Ich habe viel Geld verdient, indem ich dies oder das auf meine Art machte, und warum sollte ich es jetzt ändern? Ich habe für sie keine Antwort parat, und vielleicht haben sie ja auch recht. Wenn der Ansatz bei ihnen funktioniert, wer wäre ich dann, ihnen zu erklären, was falsch oder richtig ist? Jedoch kann die Veränderung um der Veränderung willen gefährlich sein, denn wir wissen nicht, wohin sie uns führt.

Die Verfassung der USA wurde vor über zwei Jahrhunderten geschrieben. Strikte Bewahrer wollen sie auf gar keinen Fall neu definieren oder umschreiben. Einerseits verstehe ich, dass es gute Gründe gibt, sie nicht abzuwandeln. Die Menschen ziehen es vor, sich an die in „Stein gemeißelten" Grundsätze zu halten. Bezögen wir uns nicht auf die Verfassung, würden die Prinzipien erodieren, auf denen dieses Land erbaut ist, und schließlich verlorengehen. Andererseits lässt sich im Laufe der Geschichte beobachten, dass jede Zivilisation verschwand, die sich weigerte, sich einer sich wandelnden Realität anzupassen. Viele Menschen vertreten die Auffassung, dass die in jenem Dokument aufgeführten Leitsätze immer noch allgemeingültig sind, da sie weitgefasste Prinzipien darstellen und verteidigt werden müssen, ganz im Gegensatz zu den aufgeführten Zusätzen. Außerdem sollte man aber bedenken, dass wir schon den blutigsten Krieg der amerikanischen Geschichte aufgrund der Leitsätze ausfochten.

Meine Interviewshow *Raw Nerve* gab mir die Möglichkeit, solche Konzepte mit vielen klugen und erfolgreichen Menschen zu hinterfragen. Was ich dabei herausfand: Zwei Menschen, beide hochintelligent, konnten sich zwei vollkommen unterschiedlichen Philosophien und Prinzipien verschreiben und gleichermaßen überzeugt sein, damit richtigzuliegen. Ohne zu zögern, glaubten sie, dass die jeweiligen Ansätze die einzig gültigen wären. Ich durfte den konservativen Radiomoderator Rush Limbaugh bei mir begrüßen. Was auch immer Sie von ihm halten mögen – er ist gut informiert und klug. Während unseres Gesprächs verglich er die [damals vielfach diskutierte] Gesundheitsversicherung mit dem Besitz eines Hauses und erklärte: „Sie setzen voraus, dass es einen moralisch höher zu bewertenden Aspekt hinsichtlich der Krankenversicherung gibt – verglichen mit dem Besitz eines Hauses ..." Ja, das tat ich. Während seine Ansichten mit meinen Prinzipien kollidierten, erklärte er mir seine Beweggründe: „Es ist mein Job [mich damit auseinanderzusetzen], mein Leben, meine Karriere, meine Leidenschaft. Ich habe das alles intensiv studiert. Ich möchte, dass wir im bestmöglichen Land leben, und das ist nicht der Weg, dieses Ziel zu verwirklichen."

Einige Zeit darauf lud ich ihn zu mir ein, zu einer meiner *Monday Night Football*-Partys. Ich besitze einen beinahe wandgroßen Fernseher und fungiere bei einigen der Spiele als Gastgeber. An dem Abend befand sich neben Limbaugh ein höchst liberaler Freund bei uns. Ich würde beide als sehr intelligente Menschen beschreiben, deren Prinzipien und politische Ansichten jedoch nicht weiter auseinanderliegen könnten. Während des Abends beobachtete ich meinen liberal eingestellten Freund – der ganz klar wusste, wer Limbaugh war –, wie er geschickt jeglichen Kontakt mit dem Moderator vermied. Er saß tatsächlich am anderen Ende des Raums, und als Limbaugh auf seine Seite kam, steckte er seinen Kopf in den Kühlschrank auf der vorgetäuschten Suche nach etwas Essbarem. Er wollte dem Moderator nicht vorgestellt werden. Während ich das Spielchen beobachtete, wurde mir klar, wie stark sich jeder von uns mit seinen Ansichten und Prinzipien identifiziert – und wie schnell wir über andere aufgrund ihrer Einstellungen richten.

Ich glaube nicht, dass einer der anderen Gäste sich des Spielchens bewusst war. Hatte mein Freund recht? Oder lag er falsch? Verpasste er an dem Abend eine Gelegenheit? Ich bin mir sicher, dass Limbaugh die ganze Charade entging.

Ich benötigte lange, um eine wichtige Lektion zu lernen. Sie bezieht sich auf die tatsächliche Gefahr vorschneller Urteile über andere Menschen, die keinem Zweck dienen. Zum Beispiel: Ich unterstütze die Menschen und die Ansichten, mit denen ich übereinstimme, und versuche, so gut wie kein Wort über Dinge zu verlieren, mit denen ich nicht übereinstimme. Doch es gibt eine wichtige Begebenheit, die all meine Erfahrungen auf einen Nenner bringt. Ich habe Südafrika mehrere Male besucht, doch niemals die Townships, die von Schwarzen bewohnten Siedlungen, welche sich während der Apartheid gründeten. Bei Filmaufnahmen im Jahr 2017 wollte ich die Gelegenheit nutzen und eine der Wellblechsiedlungen aufsuchen. Man erklärte mir, dies sei keine gute Idee, da viel zu gefährlich. Doch ich bestand darauf und wurde von einem gut bewaffneten Wächter begleitet. Was ich dort sah, widersprach eindeutig meinen Erwartungen. Ich sah Väter, die mit ihren Kindern spielten, Teenager, die Ball miteinander spielten, junge Mädchen in Schuluniformen, die Hand in Hand spazieren gingen. Dort standen die kleinen Hütten, doch jede verfügte über einen Fernseher und eine Satellitenschüssel. Ich hatte schon zuvor Armut gesehen, doch niemals den tiefen Frieden erlebt, der in den Townships herrschte. Als wir vorbeifuhren, schauten uns die Leute neugierig, aber nie feindselig an. Ich nahm die Gefahr nicht wahr, vor der man mich gewarnt hatte. Diese Menschen wohnten eng zusammen – doch in Harmonie.

Das überraschte mich. Ich unterhielt mich mit dem Fahrer über das Phänomen. „Ja“, antwortete er, „was Sie fühlen, wird *Ubuntu* genannt. Es ist ein Begriff aus dem Zulu-Wortschatz und bedeutet allgemein, dass man kein Mensch ist, wenn man seine Menschlichkeit gegenüber anderen nicht ausdrückt.“ Mein Führer und Wächter nannte mir ein Beispiel: „Wie kann man glücklich sein, wenn ein Kind verhungert?“

Für das Wort existiert kein Äquivalent in der englischen Sprache. Wie ich schließlich herausfand, bedeutet es im Kern, dass sich das wahre Glück erst einstellt, wenn man anderen Menschen hilft. Auch in den USA gab es einmal eine Zeit, in der Nachbarn anderen Nachbarn halfen. Doch die heutige Realität zeigt sich so, dass wir unsere Nachbarn bis auf einen flüchtigen Gruß gar nicht mehr kennen. Niemand veranstaltet mehr einen Scheunenball. In einer Zeit, in der wir durch die sozialen Medien für fast alle anderen auf der ganzen Welt unmittelbar verfügbar geworden sind, leben viele von uns isoliert.

Das erinnert mich an etwas, das ich kurz nach Leonard Nimoys Tod realisierte. Man gab mir zu verstehen, dass ich bei seiner Beerdigung nicht willkommen sei. Ich empfand das als sehr schmerzhaft. Doch ich hatte eine gute Ausrede. Monate zuvor hatte ich für exakt diesen Tag bei einer Benefizveranstaltung für das Rote Kreuz zugesagt, ausgerichtet von Donald Trump in Mar-a-Lago. Millionen von Dollar wurden dabei gespendet. Natürlich machten die Medien viel Aufhebens um die Tatsache, dass ich der Beerdigung nicht beiwohnte. Beim Dinner erklärte ich den Gästen: „Ich möchte, dass wir uns an den Namen Leonard Nimoy so lange wie möglich erinnern, doch ich weiß, dass er innerhalb weniger Jahre vergessen sein wird. Im Laufe der Zeit werden alle großartigen Filmstars, all unsere Leitfiguren und wir alle vergessen sein. Vielleicht wird eine Statue errichtet oder ein Gebäude nach einer Person benannt, doch die Menschen werden sich die Frage stellen, wer das wohl gewesen sein mag …"

„Doch die guten Taten, die wir am heutigen Tag vollbringen, werden ihren Widerhall bis ans Ende der Zeit finden. Das Kind, dem Sie durch Ihre heutige Anwesenheit das Überleben sichern, wird sein Leben führen und schließlich selbst Kinder haben, die wieder Kinder haben werden. Vielleicht denken Sie noch nicht mal daran, durch Ihre Anwesenheit eine gute Tat zu tun, doch es kann Ihre Existenz bis zum Ende aller Zeiten rechtfertigen."

Ich glaube daran – ohne jegliche Einschränkungen. Mein Vater engagierte sich aktiv bei Wohltätigkeitsorganisationen in Montreal. Darüber hinaus nutzte er einen Teil des eigenen Geldes, um damit Familienmitglieder nach Kanada oder in die USA zu bringen. Er veränderte damit ihr Leben auf alle Zeiten. Und er lebt in mir weiter. Lange, nachdem mein Name vergessen sein wird, werden die guten Taten, die ich vollbrachte, durch andere Menschen weiterleben, und das drückte ich an dem Abend aus.

Es ist schon merkwürdig, an welche Geschehnisse wir uns erinnern, die zu einem früheren Zeitpunkt in unserem Leben stattfanden und immer noch einen Einfluss darstellen. Zu Beginn meiner Karriere akzeptierte ich eine Einladung zu Tyrone Guthries Stratford Festival. Ich packte alle Habseligkeiten in einen gebrauchten Morris Minor, einen sehr kleinen Wagen, für dessen Kauf mein Vater mir 400 Dollar geliehen hatte, und machte mich auf den Weg nach Toronto. Während eines sintflutartigen Regensturms überquerte ich eine alte, klapperige Brücke. Ein riesiger 16-Wheeler-Truck kam mir aus der anderen Richtung entgegen. Ungefähr auf gleicher Höhe wurden die Böen von dem Truck umgelenkt und drückten meinen kleinen Wagen an den Rand der Brücke. Einen Augenblick lang dachte ich, ich würde von der Bücke gefegt. Dieser Moment der panischen Angst – ob er nun rational war oder nicht – hat den Rest meiner Tage in mir weitergelebt. Das lag nicht an der Möglichkeit, an diesem Tag zu sterben, sondern an der Erkenntnis, dass im Fall meines Todes nur meine Eltern um mich trauern würden. Man hätte den Eindruck gewinnen können, als hätte ich nie existiert. Ich wäre niemals in der Lage gewesen, auch nur einen Kratzer – nicht mal einen Hauch – zum Beweis meiner Existenz auf diesem Planeten zu hinterlassen. Das ängstigte mich, und das Gefühl ist seit damals nicht verschwunden. Das Bedürfnis, meine Existenz in der Welt zu rechtfertigen, stellte während meines gesamten Lebens einen motivierenden Faktor dar.

Nach all den Jahren, nach all dem, was ich gesehen, gemacht und gelernt habe, nachdem ich eine Palette von Prinzipien und persönlichen Moralvorstellungen durchdacht habe, bin ich zu der Auffassung gelangt, dass das Hinterlassen eines individuellen Fußabdrucks – und wenn es sich auch nur um den geringsten Beweis handelt, dass man hier war – über allem steht und letztendlich zählt.

10.
Where Does Time Go?

Where does time go:
I finish the dishes, I go to the store; before I know it,
time is no more.
I plan for the weekend, I drive to the sea, stop for lunch
at the deli, no time for tea.
Where does time go: Into space that it flies, a power
that takes it, and no one ask why, or where it lies,
With only you is there peace and everything slows
down, at last my mind rests and all is profound.
I need you beside me to push back the past. With us
holding each other, we can make time last.
Where does time go: For dreams for each other we can
make time last, we can make time last.
In time, the earth disappears, along with our hopes
and dreams and fears, all of history gone in a cloud.
Nothing remains; ambition, empires, soldiers so proud,
where does time go when it comes to an end?
All that is us with time we will blend.

Das ist der Text zu einem Song, den ich mit Billy Sherwood geschrieben habe und der natürlich „Where Does Time Go“ heißt. Er handelt von dem wohl profundesten Mysterium des Lebens: dem Tod. Bitte glauben Sie mir, während des Älterwerdens habe ich darüber nachgedacht, mir Fragen dazu gestellt und auch Albträume gehabt. Auf eine bestimmte und sehr merkwürdige Art und Weise kann ich nicht daran glauben, jemals zu sterben.

Jeder Mensch, den ich je gekannt habe, wirft irgendwann die Frage nach dem Mysterium des Lebens und des Todes auf. Das trifft auch auf viele Bücher zu, die das Thema in der einen oder anderen Form behandeln. Die wohl ignorantesten Menschen in der Geschichte mögen wohl in Richtung Himmel gestarrt und sich gefragt haben, was zum Teufel das da oben wohl ist. Es gab Menschen, die die Sterne als reine Lichtspiele interpretierten. All die Erklärungsversuche mündeten schließlich in das, was wir als Religion bezeichnen. Als Anreiz, einer bestimmten Religion zu folgen, wurde den Menschen das versprochen, nach dem sie sich am meisten sehnten: das ewige Leben, in der einen oder anderen Form.

Ich wurde erstmalig beim Ableben meines Vaters mit dem Tod konfrontiert. Es war für mich sehr hart, und ich trauerte länger als ein Jahr. Bis zu dem Zeitpunkt war ich nie gezwungen gewesen, mich mit dem Tod auseinanderzusetzen. Ich wusste zwar vom Holocaust, und man erzählte mir, dass Verwandte in Europa umgebracht worden seien, doch ich kannte sie nicht, womit die Geschehnisse in weiter Ferne lagen. Sie berührten mich nicht. Nach dem Tod meines Vaters verbrachte ich einen längeren Zeitraum mit dem Versuch, das zu verstehen, was man als Tod bezeichnet. Schließlich schlussfolgerte ich, dass es keinen Weg gibt, den Tod zu verstehen.

Seit damals habe ich viele geliebte Menschen sterben sehen. Der Schmerz des Verlustes ist zu einem Teil meines Lebens geworden. Der Tod durch Ertrinken meiner Frau Nerine verfolgt und quält mich immer noch. Ich fand sie in unserem Pool und zog sie aus dem Wasser. Die Notfallsanitäter eilten zum Haus, doch es gab nichts mehr, was sie ausrichten konnten. Ich sah ihren daliegenden Körper, vom Mondlicht beschienen. Sie war so schön wie immer, doch sie hatte ihr Leben ausgehaucht – ihre Stimme, das Lachen, ihre Freuden und Ängste. Alles, was sie zu dem Menschen gemacht hatte, der sie gewesen war – mit Ausnahme der körperlichen Präsenz – war verschwunden.

Ich habe einige geliebte Tiere beim Sterben in den Armen gehalten, ihnen in die Augen geschaut, während die Lebenskraft aus ihnen schwand. Mein geliebter Starbuck wurde 15, ein stattliches Alter für einen Dobermann. Ich schrieb ihm zu Ehren einen Text: „His muzzle is gray, his back is sore and he is a little cloudy of eye; Then the truth of what I see is so I am? … Now he is old and stiff and sore and getting ready to die. I look at him with love and realize, so am I." Ich besaß einmal einen preisgekrönten Hengst, der schrecklich litt. Er sollte vom Tierarzt eingeschläfert werden. Wir hoben ein Grab für ihn aus und führten das Tier dorthin. Währenddessen näherte sich ein jüngeres Pferd neugierig dem Zaun. Der Hengst stellte sich in einem Akt der mutigen Abwehr auf seine bandagierten Hinterbeine, wieherte und jagte dadurch die anderen Pferde davon. Kurze Zeit, nachdem ihm der Veterinär das Gift injiziert hatte, kollabierte er und stürzte in das Loch. Die Lebenskraft, die ihm noch vor Sekunden innewohnte, war verschwunden.

Es ist unvorstellbar. Ich kann es mir nicht vorstellen, und auch kein anderer weiß, was diese Kraft ausmacht. In der einen Sekunde herrschen noch diese Energie, das Leben, Intelligenz vor, und es finden sich Wissen und Geschichte; und in der nächsten Sekunde liegt man in der Erde, so leblos wie der Boden, in dem man begraben wird. Das alles geschieht im Bruchteil einer Sekunde. Was ist das für eine magische Energie, die den Unterschied ausmacht, zwischen Starbuck, der lebend auf dem Küchenboden sitzt und den ich Sekunden darauf tot in den Armen halte? Was ist das? Welches Wunder treibt den menschlichen Motor an? Wir wissen nicht, was diese Lebenskraft ausmacht. Und was beendet die Funktion der Zellen? Wir glauben, es seien Aminosäuren, aber es könnten nach dem derzeitigen Wissensstand genauso gut Sonnenlicht oder Donner sein. Diese Energie wird schon so lange verehrt, wie es die Menschheit gibt.

Der Dramatiker Robert Anderson schrieb in dem Stück *I Never Sang for My Father* [dt. Filmtitel *Kein Lied für meinen Vater*] so treffend: „Der Tod beendet ein Leben, doch er beendet keine Beziehung, die im Denken des Hinterbliebenen um eine finale Auflösung kämpft, um eine klare Bedeutung, die sich vielleicht nie einstellen wird."

Der Tod eines geliebten Menschen oder sogar eines geliebten Haustiers bereitetet den Menschen jedoch auf eins nicht vor – den eigenen Tod.

Für mich ist es nur schwer zu verstehen, dass ich sterben werde. Viele um mich herum sind schon von uns gegangen. Aber ich? Es scheint unmöglich, dass alles, was ich um mich herum aufgebaut habe, für mich keine Bedeutung mehr haben wird.

Das gesamte Konzept einer Art von Leben nach dem Tod existiert nur, da das Konzept eines finalen Endes unser Vorstellungsvermögen übersteigt. Das ist einer der Gründe, warum wir Geschichten über Geister und Gespenster so mögen, da sie als eine Ausprägungsform zwischen dem irdischen Leben und dem existieren, was auch immer kommen mag. Aus diesem Grund sprechen so viele von uns auf Geschichten über außerkörperliche Erfahrungen an oder auf Menschen, die „aus dem Licht" zurückkommen. Sie ziehen zumindest die Möglichkeit in Betracht, dass es mehr gibt als das eigene Leben.

Ich habe viel darüber nachgedacht – ich habe sehr viel darüber nachgedacht. Wohin entschwindet die Lebenskraft? Was geschieht mit ihr? Sie ist Materie, und die klügsten Denker erklären uns, dass Materie weder hergestellt werden noch verlorengehen kann. Somit kann diese Lebenskraft auch nicht an das Universum der unbelebten Materie verloren werden. Doch wohin entschwindet sie? Welche Form nimmt sie an?

Was das von den Religionen propagierte Leben nach dem Tod anbelangt: Ich glaube nicht, dass ich an irgendeiner Himmelstür empfangen werde, und auch nicht, dass mich eine gehörnte Kreatur mit einem Zinken dazu einlädt, die Ewigkeit mit ihr zu verbringen. Ich wünschte, ich glaubte daran, doch es widersetzt sich meiner Logik. Wenn ich meinen Eltern begegne, wären sie dann ihre jüngeren „Ichs" – und ich würde sie nicht erkennen? Ich bin mehrere Male verheiratet gewesen. Mit welcher Frau werde ich die Ewigkeit verbringen? Was ist mit den Menschen, mit denen ich

Streitigkeiten austrug? Werden sie da sein, endlich erkennen, dass ich recht gehabt habe?

Ich akzeptiere nicht die Vorstellung von Engeln mit Flügeln und einem unbeschränkten Büffet, obwohl ich die Vorstellung herzerwärmend finde. Der Glaube, wir würden die Antwort kennen, ist absurd. Wir haben nicht den geringsten Hinweis, wie sich Materie bildete oder warum. Zu diesem Zeitpunkt liegt das weit jenseits unserer winzigen Vorstellungskraft. Während einer Diskussion über die Möglichkeit einer göttlichen Präsenz zitierte ein Freund die Aussage: „Die Augen können nicht sehen, was das Bewusstsein nicht versteht."

Ich antwortete darauf: „Und wie sieht es mit einer Entdeckung aus?" Etwas zu entdecken, setzt voraus, dass es zuvor unbekannt war. Es gibt eine Legende, in der behauptet wird, dass die Indianer Kolumbus' Schiffe bei seiner „Entdeckung" Amerikas nicht sahen, weil sie in ihrer Vorstellungskraft nicht existierten. Das auf das Konzept eines göttlichen Wesens zu übertragen, erscheint mir nicht logisch. Im Rahmen unserer beschränkten Logik soll die Vorstellung der Existenz eines Wesens möglich sein, das über Milliarden von Leben wacht?

Andererseits habe ich so viele wundersame Geschehnisse erlebt, dass es manchmal schwierig erscheint, nicht an einen größeren Plan zu glauben.

Ich möchte glauben, dass noch mehr geschehen wird. Von der Nacht als Camper an, in der mich die unendliche Weite des Universums überwältigte, habe ich niemals die Ehrfurcht vor dem riesigen Ausmaß des Universums verloren. Wir haben keine Vorstellung, was sich dort draußen befindet. Regelmäßig entdecken Astrophysiker etwas, das sie nicht erklären können. Warum dehnt sich das Universum aus und zieht sich nicht zusammen? Was ist Licht? Was sind Lichtteilchen? Ich kann die Termini „vor mich hin plappern", weiß aber nicht, was sie tatsächlich bedeuten. Sogar die Dinge, an die wir momentan glauben, werden mit großer Wahrscheinlichkeit modifiziert werden müssen: Wir kennen mit sehr hoher Wahrscheinlichkeit die Lichtgeschwindigkeit und wissen, dass sie sich nie ändert, doch wer kann das schon mit Exaktheit behaupten?

Die Tatsache unseres beschränkten Wissens ermutigt mich. Meinem Gefühl nach existieren fraglos multiple Lebensformen, weit mehr, als wir uns vorstellen können. Damit meine ich nicht Klingonen, doch ich habe gesehen, dass Lebensformen beinahe jede verfügbare Nische besetzen. Wissenschaftler haben einzigartige Spezies entdeckt, die bei einer Temperatur von mehreren 100 Grad in der Nähe heißer Quellen am Boden des Ozeans leben oder unter dem Eis in der arktischen Kälte. Das Leben steckt voller Energie und ist fruchtbar. Es liegt so viel direkt vor uns, das sich nicht mit wissenschaftlichen Termini erklären lässt, dass die Möglichkeit, dass es noch mehr gibt, nicht ignoriert werden darf.

Doch der Tod – so wie wir ihn verstehen – ist das ultimative Stoppschild. Man kann diese Straße nicht weiter befahren. Es gibt weder eine Abfahrt noch einen Kreisverkehr. Ich fürchte mich vor dem Tod. Was auch immer nach dem Ableben sein mag – diese wunderbare Präsenz des Lebens wird verschwunden sein, und ich liebe jede Sekunde, die ich festhalten kann. Die Tatsache, dass ich nicht mehr länger „sein" werde, beinhaltet für mich tragische Untertöne. Ich werde nie wieder meine Frau und die Kinder sehen noch all die wunderbaren Dinge, die nun einen Teil meines Lebens ausmachen.

2017 verstarben zwei meiner innig geliebten Hunde. Ich hatte das Gefühl, als seien sie noch Welpen, doch dann musste ich ihre steifen Körper im Garten begraben. Sie waren plötzlich für immer verschwunden. Ich fürchte mich vor der Unvermeidbarkeit des Todes sprichwörtlich zu Tode.

Viele Menschen finden Trost in ihrer Religion. Ich beneide meine religiösen Freunde, die an ein Leben nach dem Tod glauben. Ich habe Menschen erlebt, die mit der Gesamtheit ihres Seins an ihre Ideologie glaubten, mit einer unbeirrbaren Vorstellungskraft und ohne Skeptizismus, die die Möglichkeit des Todes „umarmen", da sie ihn ohne jeglichen Zweifel als einen Anfang sehen. Es ist einfach – wenn man ein echter Gläubiger ist –, denn die Religion erlaubt die Akzeptanz nicht zu beantwortender Fragen. Sie hält im Angesicht einer großen Tragödie sogar eine Art des Friedens bereit. Für einen wahrhaft Gläubigen bietet die Religion beinahe alles, was man sich von ihr erhofft. Ich erinnere mich an den Tod von Liz' Mutter, da Liz das Krankenhaus kurz danach aufsuchte. Während sie dort saß, kam eine Frau auf sie zu und sagte: „Ich beschäftige mich mit der Sterbebegleitung im Hospiz und kann Ihnen sagen, dass Ihre Mutter jetzt direkt über Ihnen schwebt." Auf eine eigentümliche Art bot das Liz in dieser schrecklichen Zeit viel Trost.

Ein Mitglied meiner Familie konvertierte und gehört nun den Widergeborenen Christen an. Ich verstand das nicht. Sie hatte ihren Abschluss an einer renommierten Universität gemacht und war ein intelligenter Mensch. Dennoch lehrte sie ihren Kindern, die Erde sei 5000 Jahre alt, dass es sich bei der Bibel tatsächlich um das Wort Gottes handle und die Menschen nicht das Resultat der Evolution seien, sondern bereits auf unserem heutigen Entwicklungsstadium auf die Welt gekommen seien. Ich versuchte, mit ihr zu reden, fragte sie, ob es vorstellbar sei, dass die Evolution auf Gott beruhe. Doch sie schien sich an einem anderen Ort zu befinden und war nicht in der Lage, zuzuhören. Ich empfand das als schwierig, doch sie fand einen gewissen Frieden, indem sie sich der Religion anvertraute. Sie hatte eine Perspektive gefunden, die all ihre Fragen beantwortete sowie ihre Bedürfnisse befriedigte und ihr die Ängste nahm.

Ich kann da nicht folgen. Ich kann nicht glauben, dass nach dem Tod eine Lebensform existiert, die der unseren ähnelt. Die Logik lässt die Annahme zu, dass sich unsere Energie und unsere Materie in eine andere Form verwandeln. Das hört sich für mich am schlüssigsten an, obwohl die Erhabenheit fehlt, die uns das Universum offenbart hat. Ich würde die Mysterien der Welt am liebsten in Bezugnahme auf die Hand Gottes erklären, doch ich finde dort draußen nichts Tröstliches oder Angenehmes. Die verblüffenden Ereignisse in meinem Leben sind nicht auf eine göttliche Intervention zurückzuführen, und ich halte mich lieber an den Glauben, dass sich alle Antworten in der Wissenschaft finden lassen, in den Gesetzen der Quantenphysik, die wir noch nicht mal zu verstehen begonnen haben.

Für mich lässt sich die Essenz der Religion in dem Respekt finden, mit der sie der Natur und den Mysterien des Universums gegenübertritt. Zündet man eine Kerze an und spricht ein Gebet, dann respektiert man das Mysterium. Die Vorstellung von Gott ist überaus groß, doch bezieht sich eher auf ein Mysterium als auf ein einzelnes Wesen. Was ich bei bestimmten Religionen besonders schätze: Den Glauben, dass jeder Mensch einzigartig ist und unbedingt mit Respekt behandelt werden muss. Das Problem besteht für mich nicht in den Religionen an sich, sondern in der Art und Weise, wie sie von bestimmten Personen vereinnahmt werden, die sie zu ihrem eigenen Vorteil nutzen.

Es existieren viel zu viele Beispiele, bei denen die Religion zur Manipulation von Menschen instrumentalisiert wird, ihnen etwas nimmt, statt zu geben, und als Entschuldigung herhält, um die Agenda bestimmter machtgieriger Menschen voranzutreiben. Es ist zwar ein Klischee, doch mehr Kriege wurden im Namen Gottes geführt – oder mehrerer Götter –als aus jedem anderen Grund. Die dabei oft zu findende Scheinheiligkeit und Heuchelei hat mich immer in Erstaunen versetzt: „Wir sind eine friedliche Religion und führen Kriege, um den Menschen Frieden zu bringen, die einen anderen Gott anbeten." Könnten Sie mir das bitte erklären?

Ich habe eine religiöse Erziehung genossen, bei der man allerdings nicht alles so genau nahm. Als ich die Bar Mitzwa feierte, machte mir mein gläubiger Onkel Louie den Vorschlag, Tefillin, einen Gebetsriemen zu tragen, mit Textfragmenten der Thora, die mit einem Lederriemen am Arm befestigt wurden. Er versprach mir 50 Dollar, wenn ich ihn ein Jahr lang tragen würde, was ich auch versuchte. Ich kann mich besonders gut an das scharfkantige raue Leder erinnern, denn die Ränder schnitten in meine Haut, was höchst unangenehm war. Ich wunderte mich, warum sie kein deutlich weicheres Hirschleder dafür benutzten, anstatt dieses rauen Leders.

Und die 50 Dollar? Die verdiente ich mir nicht! Im Grunde genommen half mir die Erfahrung vor allem dabei, von jeglichen Bezügen zur Religion Abstand zu nehmen, die ich gehabt haben mag. Und so fand ich keinen Trost, indem ich mich dem Glauben zuwandte. Doch ich will nicht alles auf eine Karte setzen, und vielleicht gibt es dort ja doch etwas. Ein meine Ansichten teilender Freund ist mit einer religiösen Frau verheiratet. Wenn er seine Zweifel über ein Leben nach dem Tod äußert, erklärte sie ihm, dass er das bereuen werde: „Wenn nach deinem Tod jemand zu dir sagt …"

Er unterbricht sie dann immer an dieser Stelle: „Wenn ich tot bin und mir noch jemand etwas sagen kann, dann mache ich bei dieser Religion mit!"

Ich glaube, basierend auf dem wenigen, das ich weiß, dass wir alle aus denselben Elementen entstanden sind, aus denen das Universum besteht. Wir alle sind eins: Wenn ich draußen stehe, mir den unendlichen Himmel vorstelle und meinen Geist und die Seele spüre, wenn sich mein von elektrischer Energie durchströmtes Ich zum Universum hin entfaltet, dann wird mir das klar. Wenn wir entschwinden, verwandeln wir uns in Sternenstaub, und der Sternenstaub verklumpt und bildet die Planeten – und das schon seit Milliarden von Jahren. Es ist ein kontinuierlicher Fluss von Energie zu Materie und zurück zur Energie, und wir sind ein Teil davon. Wir sind Sternenstaub, alle Teile eines großen Ganzen. Trotz all unserer Unterschiede, egal, ob es die DNS oder die gewählte Religion betrifft, ähneln wir uns doch weitaus mehr, als dass wir differieren. Etwas Magisches geht vor sich. Weise Männer haben das während der gesamten Geschichte der Menschheit gespürt und versucht, es in Worte zu fassen. Diese Worte flossen in das Wunder ein, das wir als Religion bezeichnen. Zur selben Zeit haben andere großartige Männer experimentiert und spekuliert und einen Wissenskörper zusammengetragen, den wir als Wissenschaft bezeichnen.

Ich schaue auf all die Generationen zurück, die versuchten, die bekannte Welt zu erobern und die Einwohner ihren Gesetzen zu unterwerfen. Das war ein Traum, der sich durch die Geschichte zog – und schließlich jedes Mal in einem Nichts entschwand. All diese Eitelkeit und Selbstüberschätzung, die sich dann wieder auflöst, woraufhin sich die Geschichte wiederholt! Für einen bestimmten Zeitraum erscheint alles so kompliziert, doch es ist in Wahrheit lächerlich. Nichts hält ewig. Nichts.

Wie wird dieser Augenblick sein, wenn ich weiß, dass ich sterben werde? Ich blieb bei meinen Hunden, als sie langsam starben. Ich war da, während das Leben langsam aus ihnen entschwand, und versuchte mein Möglichstes, um sie zu „trösten", ihnen ein besseres Gefühl zu vermitteln. Doch ich konnte den Tod schon erkennen, so, als würden sie langsam in einem Sumpf versinken.

Ich schreibe diese Zeilen mit großem Unbehagen: Ich hoffe, dass ich beim Sterben nicht die ungewöhnliche Einsamkeit spüre, dieses verheerende Gefühl der Einsamkeit, das das Ende der Welt antizipiert. Ich habe das schon wahrgenommen, das Gefühl, keinen Ort zu haben, an den ich gehen kann, niemanden, an den ich mich wenden kann. Ich hoffe, dass ich keine Zeit habe, über die Einsamkeit nachzudenken, wenn der Moment des Todes anbricht. Ich erhoffe mir, von einem Gefühl der Neugier übermannt zu werden. Ich hoffe, Zeit zu haben und mir die Frage stellen zu können: Wie wird das wohl sein?

Dennoch glaube ich, dass es nur dieses eine Leben gibt. Ich wurde geboren und hatte das Glück eines privilegierten Lebens. Ich nehme das an und schätze es sehr. Für mich ist es die wohl glücklichste Reise gewesen – doch das trifft nicht auf alle zu. Ich denke darüber nach, dass so viele Menschen unter einer Hungersnot leiden, unter Seuchen, Krieg, Krankheiten, extrem schmerzhaften psychischen Befindlichkeiten oder unter brutalen Diktatoren. Menschen, die keine Kontrolle über ihr eigenes Leben haben und vielleicht sogar erfahren müssen, wie ihre Kinder leiden, sehen den Tod sicherlich aus einen anderen Perspektive als ich. Für sie bedeutet der Tod das Ende einer qualvollen Reise, und vor ihnen liegt die Verlockung des Himmels oder eines Lebens nach dem Tod. Ich verstehe das, aber es trifft nicht auf mich zu. Und so lese ich Magazine, trainiere, mache alles, um gesund zu bleiben. Ich höre auf Experten, folge ihnen, wenn es sinnvoll erscheint, ändere mich, wenn es geboten ist, und versuche alles nur Erdenkliche, um weitermachen zu können.

Es gibt jedoch einen Aspekt, denn ich vermeiden will: Meiner Angst vor dem Tod so viel Raum zu geben, dass ich die Leidenschaft für das Leben verliere. Ich weiß, dass es zutiefst religiöse Menschen gibt, die den Tod gar nicht erwarten können, da sie ihrem Wissen nach im Königreich des Himmels willkommen geheißen werden. Was für ein unglücklicher Ansatz. Während der Rest von uns jede ihm verbleibende Minute wertschätzt und genießt, sehen sie die Existenz als eine Bewährungsprobe, die vor ihrer wahren Bestimmung steht.

Zeit zieht so schnell vorüber. Die Menschen messen sie auf unterschiedlichste Arten. Eine mir bekannte Person nutzt dafür die *Gilligans Insel*-Skala: Ein dreistündiges Meeting entspricht sechs Folgen von *Gilligans Insel.* Lohnt sich das?

Die Angst vor dem Tod wirft viel zu oft einen dunklen Schatten auf die uns verbleibenden Jahre, wie viele es auch immer sein mögen. Ich erkundige mich kaum nach der Gesundheit anderer, denn in meinem Alter findet man allzu schnell bereitwillige Erzähler. Das wird nur noch von einer Gruppe überboten, die über ihren Gesundheitszustand palavert und sich übertrumpfen will: „Du hast ein neues Knie? Ich erhöhe um ein zweites Knie und eine Hüfte."

Andere Menschen mögen den Tod friedlich akzeptieren, doch das trifft nicht auf mich zu. Wenn ich gehen muss, werde ich um mich treten und schreien. Ich werde mich an den Möbeln festklammern. Bis zu diesem Zeitpunkt aber tue ich mein Möglichstes, um täglich in intensivem Kontakt mit der Welt zu stehen. Ich arbeite so regelmäßig wie zuvor und schmiede Pläne für die Zukunft. Ich halte mich über Veränderungen in der Gesellschaft und im Bereich der Technologie auf dem Laufenden.

Ich mag nicht in der Lage sein, einen Computer zu programmieren, doch wenn ein neues Kommunikationsmedium verfügbar ist, unterstreiche ich die Bedeutung, indem ich es erlerne und benutze. Ich bin auf Twitter und Facebook vertreten, twittere und poste regelmäßig, bin allgemein in den sozialen Medien präsent, habe mehr als 2,5 Millionen Follower auf Twitter und 2 Millionen auf Facebook. Twitter wird von mir genutzt, um Spenden für meine Benefizveranstaltungen einzusammeln. Erst kürzlich führten wir eine geheime Auktion für eine Pferde-Show durch und verdreifachten dabei die Summe des vorherigen Jahres. Darüber hinaus benutze ich das Medium zur Promotion meiner Projekte und der von Freunden und manchmal auch, um mich mit einem Troll zu balgen oder einen Witz zu machen – so geschehen am 5. Mai, als ich eine Foto von Hellmans Mayonnaise in einem Küchenabfluss postete und damit allen einen „Happy Sinko de Mayo" wünschte. [Humorvolle Anspielung auf das mexikanische Fest Cinco de Mayo.]

Ich habe damit begonnen, mich mit dem Thema Virtual Reality auseinanderzusetzen. Innerhalb meiner Lebensspanne verlief die Entwicklung von Schwarz-Weiß-Filmen über das Fernsehen bis hin zu Hologrammen und der Virtual Reality. Als wir *Star Trek* drehten, glaubte niemand von uns daran, dass das Holodeck der Enterprise einmal Realität werden könnte. Das fiel in die Kategorie „Special Effects", und damals waren die Effekte gar nicht so „special". Wir „schossen" mit unseren Plastikwaffen, den „Phasern", wonach ein Techniker im Schneideraum etwas zum Bild hinzufügte, das wie ein Strahl aussah. Das war dann ein „Special Effect". Witzigerweise werden die Menschen in wenigen Jahren in der Lage sein, mit „mir" – oder besser gesagt meinem Avatar – auf einem „Holodeck" in ihrem Haus zu kommunizieren.

Im Frühjahr 2017 suchten mich einige Experten der „Virtual Reality" in meinem Büro auf und begannen, mein VR-Image zu kreieren. Sie filmten jeden Aspekt meines Körpers, sogar die Muskulatur, also alles, was notwendig ist, damit die Techniker mein Bild hinsichtlich Sprache und Bewegung realistisch abbilden können. Tja, wenn sie jetzt noch herausfinden, wie das Image bewusst denkt, fühlt wie ich und sogar daran glaubt, dass es ich sei, muss ich den Tod gar nicht mehr so sehr fürchten. Aufgrund dieses Bildes wird Shatner nun für immer „leben" – oder zumindest so lange, bis die Sonne ausbrennt und zu einem gefrorenen Eisball wird, der durch das Weltall rast.

In der Zwischenzeit beabsichtige ich zu leben, vielen Dank auch. Für mich bedeutet das – neben anderen Aspekten –, mich täglich mit der Welt zu beschäftigen. Ich schaue mir die Nachrichtensender an und finde es manchmal zugegebenermaßen amüsant, wenn Reporter kommentieren, dass sie sich in einem schlechten Zustand befinde und die gesamte Lage zumindest so schrecklich sei, wie sie es schon immer war.

Ein weiterer Vorteil des Alters besteht im Erleben zahlreicher historischer Ereignisse. Ich bin Jude, der die Zeit des „Dritten Reiches" erlebte. Ich erlebte den Abwurf von Atombomben auf Städte, die große Weltwirtschaftskrise, die Ausbreitung des Kommunismus und die Errichtung des Eisernen Vorhangs. Ich habe viele brutale Diktatoren erlebt – wie sie die Macht ergriffen und dann wieder verschwanden. Ich habe Hitler gesehen, Pol Pot, Stalin und Mao und die verschiedenen Diktatoren Nordkoreas. Ich habe von Massakern erfahren, im Europa des Zweiten Weltkriegs, in kommunistischen Ländern, vietnamesischen Dörfern und amerikanischen Schulen. Die Ereignisse, die ich nun im Fernsehen miterlebe, auf dem iPad, meinem Handy oder anderen Geräten, scheinen nicht schlimmer zu sein als andere, die während meiner Lebensspanne geschahen.

Der signifikanteste Unterschied besteht darin, dass ich sie nun zeitgleich sehen kann, inklusive endlose Diskussionen, „Aufgüsse" und Interpretationen. In früheren Jahren erreichten uns Neuigkeiten auf dem Pferderücken, etwas später per Fernschreiber, danach mittels des Radios und der Wochenschauen. Nun benutzen Gewalttäter Kameras zum Mitschnitt ihrer Straftaten, um dadurch Angst und Schrecken zu verbreiten und sie zu lancieren. Die Welt befindet sich in einem traurigen Zustand, doch die gute Nachricht ist, dass sie sich schon immer in einem traurigen Zustand befand! Lebendig zu sein, bedeutet, das alles wahrzunehmen, was ich auch versuche. Mir wurde berichtet, dass an Depressionen erkrankte Menschen das Interesse an anderen Menschen und Ereignissen verlören. Oftmals isolieren sie sich. Ich stelle mir die Frage, ob es in zeitlicher Hinsicht nicht andersherum verläuft: Menschen, die das Interesse an anderen oder der Welt verlieren, vielleicht, weil sie ihren kommenden Tod spüren, laden die Depression regelrecht in ihr Leben ein. Sie erscheint als offensichtliches Resultat der Kapitulation vor dem Leben und als Abkoppelung von der Lebenskraft – eine Art von „Ich habe nichts mehr, für das es sich zu leben lohnt"-Syndrom. Ich folge einer simplen Philosophie: Wenn Sie aufstehen können, dann machen Sie das auch. Lassen Sie sich nicht unterkriegen!

Ich richte meine Pläne nicht auf den Tod aus, sondern auf das Leben. Ich wurde schon unzählige Male gefragt, welche Gravur ich auf meinem Grabstein haben möchte. Meine Antwort lautet jedes Mal, dass ich nicht die geringste Idee und noch nicht darüber nachgedacht hätte – was ich auch nicht beabsichtige. Ich hörte, dass Tommy Lasorda – der sich den Dodgers ein ganzes Leben lang als Spieler und Manager verschrieben hat – sich eine elektronische Anzeigetafel mit den bevorstehenden Spielen der Mannschaft auf seinem Grabstein wünschte. Ich habe über Merv Griffins Inschrift gelacht („Nach dieser Botschaft bin ich nicht sofort zurück") und auch über Rodney Dangerfields („Da gehen ja die ganzen Nachbarn"), doch für mich ist das nicht so wichtig.

Zum Tod: Ich bin viel zu beschäftigt, mich auf das Leben zu konzentrieren. Das ist eine weitere meiner Strategien, obwohl ich sie nicht so bezeichnen würde: Ich übe ganz normal die Tätigkeiten aus, mit denen ich mich schon immer beschäftigt habe. In meinem Fall bedeutet dass, sich so häufig wie möglich mit jüngeren Menschen zu umgeben. Zusätzlich zu den Stunden, die ich mit den Enkeln verbringe – so viel Zeit, wie sie mir erlauben –, haben Liz und ich zu Beginn 2017 auch einen neuen Welpen bekommen. Sie ist eine Tochter von Starbuck, die wir mithilfe künstlicher Befruchtung züchteten. Momentan bauen wir ein größeres Zuchtprogramm auf. Ich möchte Hunde züchten, damit kontinuierlich neues Leben in meinem Orbit auftaucht. Ich kenne ältere Menschen, dich sich weigern, ein junges Tier aufzunehmen, da sie befürchten, es könnte sie überleben. Meine Antwort dazu lautet: Na und? Tiere passen sich neuen Situationen an.

Darüber hinaus züchten wir Pferde. Ich habe gehört, dass man niemand finden wird, der Selbstmord begeht, wenn eine Stute trächtig ist, da die Erwartungshaltung alle anderen Emotionen übersteigt. Offensichtlich trifft das auch bei mir und den Hunden zu. Ich mag alle oder nur einige aufwachsen sehen oder auch nicht, doch ich denke nicht daran. Dadurch lasse ich mich nicht durch Spekulationen von meinen Plänen abhalten. Wenn ich einen Welpen oder ein Fohlen beobachte, teile ich mit ihnen die Freude am Entdecken des Lebens. Sie lernen, dass Wände hart sind, wenn sie dagegenrennen, und sie sich vor der Hand eines Menschen nicht fürchten müssen – all das bereitet mir Vergnügen. Ich habe mir kein Konzept zurechtgelegt, was in den nächsten Jahren meines Lebens geschehen könnte.

Die Menschen fragen mich oft, wie man sich in meinem Alter fühle. Ich antworte mit der Wahrheit: Ich weiß es nicht, denn ich war noch nie so alt. Allerdings entspricht das nicht ganz der Wahrheit: Mehrere Male während meiner Karriere musste ich einen älteren Mann spielen. 1967 drehten wir eine Episode von *Raumschiff Enterprise* mit dem Titel „The Deadly Years" (dt. „Wie schnell die Zeit vergeht"): Die Enterprise besucht den Planeten Gamma Hydra IV, und der Landetrupp – darunter alle wichtigen Crewmitglieder – steckt sich mit einer bizarren Krankheit an, durch die alle ungefähr 30 Jahre täglich altern. Meine Erklärung war simpel: „Ich gebe zu, ein wenig grau zu werden, doch die Strahlung wird das auch mit euch machen." Ich erinnere mich nicht an den Dreh der Episode oder das Konzept, wie ich einen älteren Mann verkörpern wollte. Allerdings weiß ich noch, dass das Auftragen des Make-ups einige Stunden in Anspruch nahm. Wenn ich mir die Fotos von vor 50 Jahren anschaue – auf denen man mich auf alt „trimmte" –, bin ich verblüfft, was für einen tollen Job sie damals machten.

Nun muss ich nicht mehr „auf alt machen", denn ich kann einfach mein aktuelles Alter spielen. Im letzten Film, den ich drehte, verkörperte ich jedoch einen zehn Jahre jüngeren Mann. In der Realität bin ich nun bei meinem Alter angekommen und fühle mich glücklich damit. Das geschah natürlich nicht an einem oder zwei Tagen, obwohl es mir manchmal so vorkommt, als sei die Zeit so schnell vorübergeflogen.

Ich verfüge in meinem Alter noch größtenteils über meine körperlichen und geistigen Fähigkeiten, doch es gibt etwas, das mich stets in Erstaunen versetzt: Die Tatsache, dass mich immer noch die Themen bewegen, die schon seit langer Zeit für mich wichtig sind, und dass ich in einigen Bereichen sogar noch besser geworden bin. Ich bin ein besserer Ehegatte und Großvater als je zuvor. Und zu meiner Überraschung muss ich feststellen, ein besserer Schauspieler zu sein als jemals zuvor. Die verfeinerte Kontrolle meiner Fähigkeiten, kombiniert mit Jahrzehnten von Erfahrungen, ermöglicht mir, ein weitaus komplexerer Darsteller zu sein, egal, was ich spiele.

Das und die Tatsache, dass es mir immer noch so wichtig ist, dem Publikum einen angemessenen Gegenwert für den Eintritt zu bieten. Ich schaue mir die eigenen Auftritte nie auf einem Mitschnitt an, da ich mich dabei unwohl fühle, und ich lese so gut wie keine Besprechungen. Ich finde es erstaunlich, dass mich Kritik noch so bewegt. Meine Güte, welchen Schaden könnten Kritiker denn mit Blick auf meine Karriere noch anrichten? Aber dennoch möchte ich als Entertainer vom Publikum geliebt werden, sodass es mich ungeheuer stört, falls das einer Kritik nach nicht eintritt. Deshalb will ich solchen Besprechungen gar nicht lesen.

Jedoch weiß ich, wer ich bin! Ich habe lange dafür gebraucht, mich gut zu fühlen, Bill Shatner zu sein, mich über das manchmal schützende Draufgängertum zu erheben und die Tatsache zu akzeptieren, dass ich mir schon lange keine Valentinsgrüße mehr schicken muss.

Ich wurde einmal gefragt, wie Menschen reagierten, wenn ich einen Raum beträte. Ich musste länger darüber nachdenken. Meist spüre ich ihr anerkennendes Lächeln. Ich sehe in ihren Gesichtern, dass sie mich erkennen und mir – möglicherweise aufgrund des Alters und möglicherweise auch meiner Leistungen – Respekt zollen. Es ist immer ein: „Mr. Shatner, das ist ja schön, Sie zu treffen. Ich fühle mich geehrt.“ Woraufhin ich antworte: „Wodurch fühlen Sie sich denn geehrt?“ Es geschieht jedenfalls oft genug, um mich daran zu erinnern, dass ich schon so lange dabei bin und genügend vollbracht habe, um ein allseits bekanntes Gesicht zu werden. Die Menschen glauben, mich zu kennen – abhängig von ihrem Alter in unterschiedlichen Rollen. Die ältesten denken noch an Captain Kirk. Menschen mittleren Alters identifizieren mich als T.J. Hooker und die jüngeren als Denny Crane. Und die ganz jungen Kids erkennen mich als den Priceline Negotiator.

Ich habe es überhaupt nicht eilig, herauszufinden, wie der Tod tatsächlich ist. Der Optimist in mir findet positive Aspekte. Vielleicht bin ich dann nicht mehr allein. Und ich zweifle ganz stark daran, mir Sorgen machen zu müssen, jemals wieder pleite zu sein. Niemals muss ich wieder den Schmerz empfinden, einen geliebten Menschen oder ein geliebtes Tier leiden zu sehen. Die Schmerzen, die ich beim Aufstehen verspüre, werden vorbei sein. Aber … Aber …

Ich mache Witze über den Tod: Endlich werde ich mal rechtzeitig bei einer Beerdigung sein. Doch ich werde dieses Ereignis so lange hinauszögern, wie es menschlich nur irgendwie möglich ist.

Ich habe – wie uns Spock vor so vielen Jahren wünschte – lange und in Frieden gelebt. Und mein Ziel wird immer darin bestehen, dorthin zu gelangen, wo noch nie ein Mensch zuvor gewesen war. Wenn die Stunde schlägt, werde ich dankbar für das Glück sein, das mir zuteilwurde, für die Menschen, die mich auf meiner Reise begleiteten, und für die Freude, die ich dank der Tiere und der Natur erlebte – und dann werde ich trotz aller Widrigkeiten noch um einen weiteren Tag kämpfen. Ich werde das machen – ich weiß, dass ich das machen werde, so wie Dylan Thomas drängte und wütete, mit seiner ganzen Kraft gegen das sterbende Licht kämpfte.

Danksagungen

Ich möchte mich an dieser Stelle bei meinem Freund und Yankee-Fan bedanken, dem verstorbenen Carmen Lavia. Carmen sprühte vor Lebenslust, und seine vielen, vielen Freunde werden sein Lachen in unser aller Erinnerung hören. Und natürlich möchte ich mich auch bei Carmens langjährigem Freund Peter Sawyer bedanken, der unter schwierigen Bedingungen substanzielle Beiträge lieferte. Ich möchte meine Wertschätzung gegenüber Kathleen Hays ausdrücken, die alles Notwendige erledigte, jedes Problem löste, jede Frage beantwortete – und das mit Grazie und einem Lächeln. Sie hat die Straße von den Fahrbahnbuckeln befreit. Unser Verleger Tom Dunne ist einer der besten Menschen, was nicht nur das Geschäft anbelangt, sondern den ganzen Planeten. Er sorgt sich um die wichtigen und richtigen Dinge und versteht die Macht des gedruckten Wortes, was einen großen Unterschied ausmachen kann. Stephen Power verfügt über die großartige Gabe eines Lektors, der wichtige Änderungen vornimmt, ohne seine Fingerabdrücke auf der Seite zu hinterlassen. Das erfordert eine klare und fest umrissene Persönlichkeit, Wissen und Geschmack, was ich in Ehren halte.

Dieses Buch handelt vom Altern. In meinem Leben schlägt sich da niemand besser als mein Freund Richard Soll. Seine niemals verschwindende Faszination für die Irrungen und Wirrungen des Lebens haben mich immer in Erstaunen versetzt. Dies ist eine ideale Gelegenheit, ihm zu erklären, wie sehr ich seine Freundschaft und Weisheit schätze.

Nun habe ich also mein drittes Buch mit William Shatner verfasst. Ich bewunderte ihn schon lange vor der Zusammenarbeit, und die gemeinsamen Projekte haben das noch verstärkt. Hier die Fakten: In seinem Privatleben ist Bill Shatner ein wunderbarer, sehr kluger, erstaunlich kreativer und höchst bescheidener Mensch. Sein Bewusstsein wendet sich ständig Neuem zu. Häufiger als die meisten wissen, sucht er nach einem Weg, um seinen Erfolg zur Unterstützung anderer zu nutzen. Ich möchte ihn wissen lassen, wie sehr ich die Arbeit mit ihm genieße und wie sehr ich ihn bewundere.

Und schließlich will ich meiner Frau Laura meine Wertschätzung ausdrücken. Ich beende Danksagungen immer mit einer Widmung an sie, doch während sie auf der letzten Seite eines Buches steht, besetzt sie den ersten Platz in meinem Leben. Ich bin ein glücklicher Mann, ihr Herz gewonnen zu haben. Sie bringt mir jeden Tag meines Lebens Freude.

David Fisher

DER VERLAG DER STARS! hannibal

PETER GABRIEL
Die exklusive Biografie
von Daryl Easlea
496 Seiten, zahlreiche Fotos
ISBN 978-3-85445-459-5

DESIGN UND PUNK
Posters, Flyers, Fanzines & Album Covers
von Russ Bestley und Alex Ogg
224 Seiten, zahlreiche Fotos
ISBN 978-3-85445-393-2

DEPECHE MODE
Black Celebration – Die Biografie
von Steve Malins
320 Seiten inkl. 16 Seiten Fotos
ISBN 978-3-85445-429-8

DAVE GAHAN – SEIN LEBEN MIT DEPECHE MODE
von Trevor Baker
272 Seiten, zahlreiche Fotos
ISBN 978-3-85445-319-2

INSIGHT – MARTIN GORE UND DEPECHE MODE
Ein Porträt
von André Boße und Dennis Plauk
240 Seiten, zahlreiche Fotos
ISBN 978-3-85445-325-3

WHITNEY HOUSTON – Die Biografie
von Mark Bego
216 Seiten, zahlreiche Fotos
ISBN 978-3-85445-309-3

YOU ARE NOT ALONE
MEIN BRUDER MICHAEL JACKSON
von Jermaine Jackson
560 Seiten, zahlreiche Fotos
ISBN 978-3-85445-380-2

ROCK AM RING –
30 JAHRE SIND NICHT GENUG
Alle Bands, alle Skandale, alle Fotos
von Christof Graf
320 Seiten, durchgehend farbig bebildert
ISBN 978-3-85445-433-5

ALLES NUR GETRÄUMT
Fluch und Segen der Neuen Deutschen Welle
von Hollow Skai
256 Seiten, zahlreiche Fotos
ISBN 978-3-85445-302-4

FREDDIE MERCURY – THE GREAT PRETENDER
Ein Leben in Bildern
von Sean O'Hagan
144 Seiten, durchgehend farbig bebildert
ISBN 978-3-85445-401-4

SEX, LOVE & ROCK'N'ROLL
von Hollow Skai
256 Seiten, zahlreiche Fotos
ISBN 978-3-85445-358-1

MADONNA
von Daryl Easlea und Eddi Fiegel
208 Seiten, durchgehend farbig bebildert
ISBN 978-3-85445-394-9

IM GESPRÄCH MIT MORRISSEY
von Len Brown
422 Seiten, zahlreiche Fotos
ISBN 978-3-85445-311-6

PINK – ZWEI GESICHTER
von Paul Lester
212 Seiten, zahlreiche Fotos
ISBN 978-3-85445-320-8

www.hannibal-verlag.de